Vorberufliche Bildung in Indien

Reviewed Research. Auf den Punkt gebracht.

Springer VS Results richtet sich an AutorInnen, die ihre fachliche Expertise in konzentrierter Form präsentieren möchten. Externe Begutachtungsverfahren sichern die Qualität. Die kompakte Darstellung auf maximal 120 Seiten bringt ausgezeichnete Forschungsergebnisse „auf den Punkt".

Springer VS Results ist als Teilprogramm des Bereichs Springer VS Research besonders auch für die digitale Nutzung von Wissen konzipiert. Zielgruppe sind (Nachwuchs-)WissenschaftlerInnen, Fach- und Führungskräfte.

Balasundaram Krisanthan

Vorberufliche Bildung in Indien

Eine Analyse ihrer curricularen Ausgestaltung

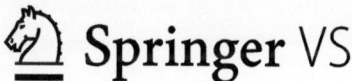

Balasundaram Krisanthan
Frankfurt, Deutschland

ISBN 978-3-658-01456-8 ISBN 978-3-658-01457-5 (eBook)
DOI 10.1007/978-3-658-01457-5

Die Deutsche Nationalbibliothek verzeichnet diese Publikation in der Deutschen Nationalbibliografie; detaillierte bibliografische Daten sind im Internet über http://dnb.d-nb.de abrufbar.

Springer VS
© Springer Fachmedien Wiesbaden 2013
Das Werk einschließlich aller seiner Teile ist urheberrechtlich geschützt. Jede Verwertung, die nicht ausdrücklich vom Urheberrechtsgesetz zugelassen ist, bedarf der vorherigen Zustimmung des Verlags. Das gilt insbesondere für Vervielfältigungen, Bearbeitungen, Übersetzungen, Mikroverfilmungen und die Einspeicherung und Verarbeitung in elektronischen Systemen.

Die Wiedergabe von Gebrauchsnamen, Handelsnamen, Warenbezeichnungen usw. in diesem Werk berechtigt auch ohne besondere Kennzeichnung nicht zu der Annahme, dass solche Namen im Sinne der Warenzeichen- und Markenschutz-Gesetzgebung als frei zu betrachten wären und daher von jedermann benutzt werden dürften.

Gedruckt auf säurefreiem und chlorfrei gebleichtem Papier

Springer VS ist eine Marke von Springer DE. Springer DE ist Teil der Fachverlagsgruppe Springer Science+Business Media.
www.springer-vs.de

Danksagung

Der vorliegende Text wurde im Jahr 2012 als schriftliche Hausarbeit im Rahmen der Ersten Staatsprüfung für Lehrämter fakultätsübergreifend an der Humanwissenschaftlichen sowie an der Wirtschafts- und Sozialwissenschaftlichen Fakultät der Universität zu Köln verfasst und für diese Veröffentlichung leicht überarbeitet. Großer Dank gilt insbesondere Prof. Dr. Matthias Pilz und Prof'in Dr. Birgit Weber, die mich als Gutachter bzw. Gutachterin stets konstruktiv beraten und gewinnbringend unterstützt haben.

Darüber hinaus möchte ich den Mitarbeitern und Mitarbeiterinnen des *Center for Modern Indian Studies* der Universität zu Köln für die Hilfe bei der Eingrenzung der hier analysierten Dokumente sowie Dr. Jun Li, an dessen Inauguraldissertation diese Arbeit angelehnt ist, meinen Dank aussprechen.

Für die stets während persönliche Unterstützung ist diese Arbeit meinen Eltern Vettivelu und Sivaneswary Balasundaram, meiner Schwester Krisantini sowie meiner Freundin Britta Wiemers gewidmet.

Balasundaram Krisanthan

Inhalt

Abbildungen 9

Tabellen 11

Abkürzungen 13

1 Einleitung 15

    1.1   Erkenntnisinteresse und Implikationen 16
    1.2   Definition vorberuflicher Bildung 17

2 Institutionalisierte Bildung in Indien 19

    2.1   Historische Einflüsse und Entwicklungen 19
    2.2   Architektur und Konzeption des Bildungssystems 21
          2.2.1   Schulbeiräte, Richtlinien und Curricula 23
          2.2.2   Schulpflicht 25

3 Methodik der Curriculumanalyse 29

    3.1   Allgemeine Charakteristika der Inhaltsanalyse 29
    3.2   Beschreibung und Begründung der Materialauswahl 31
    3.3   Theoretische Differenzierung der Fragestellung 32
    3.4   Bestimmung der Analysetechnik 34
    3.5   Definition des Kategoriensystems 35
          3.5.1   Theoretische Basis: Curriculumentwicklung nach Reetz 36
          3.5.2   Orientierung an Bezugsdisziplinen: Die Wissenschafts-
                  dimension 37
          3.5.3   Orientierung am Individuum: Die Persönlichkeitsdimension 39
          3.5.4   Orientierung am Arbeitsmarkt: Die Situationsdimension 43

4 Darstellung und Diskussion der Ergebnisse 47

    4.1   NCERT – National Curriculum Framework 2005 47
    4.2   CBSE – Secondary School Curriculum 2013.................................. 50
    4.3   CISCE – Syllabus for ICSE 2013 54
    4.4   Vergleich der Analyseergebnisse 56

5 Ausblick 61

6 Literatur 63

Anhang 69

Abbildungen

Abbildung 1: Alphabetisierungsgrad 1951-2011 in % 21

Abbildung 2: Das indische Bildungssystem im Überblick 22

Abbildung 3: Allgemeines inhaltsanalytisches Ablaufmodell 30

Abbildung 4: Arbeitskräftebedarf bis 2022 44

Abbildung 5: Auswertung NCF 2005 48

Abbildung 6: Auswertung Secondary School Curriculum 2013 52

Abbildung 7: Auswertung Syllabus for ICSE 2013 55

Abbildung 8: Ausprägungen der Persönlichkeitsdimension (absolut) 57

Abbildung 9: Ausprägungen der Wissenschaftsdimension (absolut) 59

Tabellen

Tabelle 1: Ausgewählte statistische Daten 26

Tabelle 2: Codierungsbeispiele 35

Tabelle 3: Kategorien für Inhalte aus der Technologie 38

Tabelle 4: Kategorien für Inhalte aus BWL und VWL 39

Tabelle 5: DeSeCo Kompetenzgruppen 42

Tabelle 6: Kategorien für die Persönlichkeitsdimension 43

Tabelle 7: Kategorien für die Situationsdimension 46

Tabelle 8: Ergebnisse NCF 2005 47

Tabelle 9: Ergebnisse Secondary School Curriculum 2013 51

Tabelle 10: Ergebnisse Syllabus for ICSE 2013 54

Abkürzungen

CBSE	Central Board of Secondary Education
CISCE	Council for Indian School Certificate Examination
DeSeCo	Definition and Selection of Competencies
HCG	History, Civics and Geography
ICSE	Indian Certificate of Secondary Education
ILO	International Labour Organisation
MHRD	Ministry of Human Resource Development
NCERT	National Council of Educational Research and Training
NCF 2005	National Curriculum Framework 2005
NSDC	National Skill Development Corporation
OECD	Organisation for Economic Co-operation and Development
RTE Act	Right of Children to Free and Compulsory Education Act
SUPW	Socially Useful Productive Work and Community Service

1 Einleitung

Indien gehört zu den ärmsten aber auch zu den religiös, kulturell sowie sprachlich heterogensten und darüber hinaus zu den größten und wirtschaftlich am schnellsten prosperierenden Ländern der Welt – eine potenzielle „künftige Weltmacht" (vgl. Betz 2007, S. 4). Die Attribute, mit denen das Land versehen wird, sind ebenso vielfältig und gegensätzlich wie der Subkontinent selbst. Das Land, das mit einer Fläche von mehr als 3 Millionen Quadratkilometern neunmal so groß ist wie die Bundesrepublik Deutschland, vereint neben den verschiedensten geographischen Gegebenheiten und klimatischen Zonen eine bemerkenswerte gesellschaftliche Heterogenität (vgl. ebd.; Pilz & Mond 2011, S. 4).

Allein im Vielvölkerstaat Indien leben mit 1,2 Milliarden Menschen fast 18% der Weltbevölkerung, damit ist er mit einem absoluten Bevölkerungswachstum um mehr als den Faktor vier im Zeitraum von 1901 bis 2011 nach China das bevölkerungsreichste Land der Erde (vgl. GoI 2011a, S. 38 ff.). Die Bevölkerungsstruktur Indiens ist zudem sehr jung (vgl. Betz 2007, S. 4; Pilz & Mond 2011, S. 3). So sind bereits heute 63% der indischen Bevölkerung im erwerbsfähigen Alter zwischen 15 und 59 Jahren. Es ist zu erwarten, dass diese Zahl zukünftig weiter steigen wird, sodass 2020 die indische Bevölkerung im Durchschnitt 29 Jahre alt sein wird. In China hingegen, dem Land mit dem Indien wohl am häufigsten verglichen wird, wird das Durchschnittsalter dann bei 37 und in Westeuropa sogar bei 45 Jahren liegen (vgl. MOLE 2010, S. 2). In Zeiten der Globalisierung ist dies ein beachtlicher (Standort-)Vorteil Indiens gegenüber vielen anderen Volkswirtschaften. Hinzu kommt, dass die indische Wirtschaft, wie bereits angedeutet, mit einem Tempo von 6 bis 8% jährlich wächst, wodurch die Nachfrage nach Arbeitskräften in der Vergangenheit stetig gestiegen ist und in Zukunft weiter steigen wird (vgl. ebd., S. 5). Auf der Angebotsseite erwartet der Arbeitsmarkt einen jährlichen Zuwachs in Höhe von 12 Millionen neuen Arbeitskräften (vgl. Majumdar 2008, S. 2; FICCI 2010, S. 4 f.).

„The challenge therefore facing the country is how to train and equip this young population with ways and means of gaining productive and meaningful employment" (Majumdar 2008, S. 2). Diese Herausforderung sieht der Autor insbesondere auf das berufsbildende System zukommen (vgl. ebd.). Ferner muss Indien die Herausforderung bewältigen „Arbeitskräfteangebot und -nachfrage aufeinander abzustimmen, [denn nur dann] kann sich Indien zu einer wirtschaftlichen Großmacht entwickeln" (Pilz & Mond 2011, S. 3; Einfügung d. Verf.). Eine zentrale Rolle spielt dabei nach Pilz und Mond ebenfalls das Berufsbildungssystem, das die hohe Anzahl an Schülern und Schülerinnen ausbilden muss (vgl. ebd.).

Hier wird indes das allgemeinbildende Schulwesen und im Speziellen die Sekundarschule in den Fokus gerückt. Untersucht wird die curriculare Verankerung der vorberuflichen Bildung in Indien (vgl. Kapitel 1.1 u. 1.2).

Während in der Vergangenheit die politischen Maßnahmen und damit auch das Gros der Investitionen vor allem dem Primar- und Hochschulwesen zugutekamen, wurde die Entwicklung der Sekundarschule in Indien lange Zeit vernachlässigt (vgl. Biswal 2011, S. 1 f.). Nach der 1947 erklärten Unabhängigkeit von Großbritannien legten die Verantwortlichen zunächst besonderen Wert auf den Ausbau der Primarschule, um möglichst Bildung für alle Jungen und Mädchen im Grundschulalter zu ermöglichen. Die zweite Priorität lag auf dem Aus- und Aufbau des tertiären Bildungsbereiches, verbunden mit dem Bestreben in der globalen Wissensgesellschaft mithalten und bestehen zu können (vgl. World Bank 2009, S. 1). Heute gilt die Sekundarschule nicht mehr nur als Zwischenetappe zur universitären Bildung, sondern fungiert auch als Unterstützung für diejenigen Jugendlichen, die unmittelbar auf den Arbeitsmarkt treten wollen (vgl. Mishra 1999, S. 340). Das Sekundarschulwesen rückt auch auf Grund des rapiden Wirtschaftswachstums weiter in den Vordergrund, ebenfalls im Hinblick auf die bildungspolitischen Maßnahmen (vgl. Biswal 2011, S. 2). Das Wirtschaftswachstum sowie die steigende Nachfrage nach Arbeitskräften konzentrieren sich vornehmlich auf die Dienstleistungs- und Informationssektoren, die wiederum mindestens einen Abschluss der Sekundarschule verlangen (vgl. World Bank 2009, S. 3 ff.). Die Sekundarschule, genauer die *Lower Secondary*, nimmt folglich eine Schlüsselrolle in der indischen Wirtschaft ein. Die Bedeutung der Sekundarschule geht selbstverständlich auch in Indien weit über die rein wirtschaftliche Perspektive hinaus, was aber hier nicht weiter vertieft werden soll (vgl. für weiterführende Informationen z. B. Rani 2007; World Bank 2009; Biswal 2011).

1.1 Erkenntnisinteresse und Implikationen

Ausgehend von den wirtschaftlichen Entwicklungen und der Rolle der Sekundarschule wird hier eine erste Richtung der Analyse angegeben. Eine ausführliche Darstellung, einschließlich der differenzierten Fragestellungen, findet sich weiter unten (vgl. Kapitel 3.3). In dieser Arbeit sollen die offiziellen Maßnahmen der vorberuflichen Bildung in den Jahrgangsstufen 9 und 10 in Indien untersucht werden. Dazu werden neben den nationalen Rahmenrichtlinien auch die Curricula von zwei Schulbeiräten analysiert und verglichen. Ziel der Analyse ist es Aussagen über die curriculare Ausgestaltung bzw. Implementierung vorberuflicher Bildung in Indien treffen zu können (vgl. Kapitel 4 u. 5).

1.2 Definition vorberuflicher Bildung

In der Bundesrepublik Deutschland ist vorberufliche Bildung durch den Bundesausschuss für Berufsbildung wie folgt definiert:

> Die vorberufliche Bildung umfaßt [sic!] alle Maßnahmen, die im wesentlichen [sic!] für die Primarstufe und alle Bildungsgänge der Sekundarstufe zum Verständnis der Arbeits- und Wirtschaftswelt erforderlich sind. Es handelt sich dabei um jene Kenntnisse und Fertigkeiten, Einsichten und Verhaltensweisen, die dem Jugendlichen für einen unmittelbaren oder späteren Übergang in eine berufliche Grundbildung zu vermitteln sind (Bundesausschuss für Berufsbildung 1972; Einfügungen d. Verf.).

Da die vorliegende Arbeit sich auf den indischen Subkontinent bezieht, ist es sinnvoll von einer deutschen Definition abzusehen und eine indische oder eine international entwickelte Definition zu wählen.

Eine vergleichbare Definition des Konstrukts existiert in Indien nicht. *Pre-Vocational Education* bezeichnet in Indien vielmehr ein Schulfach, das bisher nur an sehr wenigen Sekundarschulen auf Versuchsbasis angeboten wird. Es soll sowohl zur Berufsorientierung als auch zur Vermittlung von arbeitsbezogenen Wertvorstellungen, Fertigkeiten und Kenntnissen beitragen. Inhalte wie *Basic Electronics, Basic Office Procedures, Basic Computer Practices, Basic Accountancy, Basic Bakery* oder *Textile Printing Technology* sollen die Schüler und Schülerinnen auf die berufsbezogene höhere Sekundarschule vorbereiten oder ihnen Basiskenntnisse unmittelbar für den Arbeitsmarkt vermitteln (vgl. CBSE 2011, S. 217 f.).

Eine international entwickelte Definition vorberuflicher Bildung bietet die Organisation für wirtschaftliche Zusammenarbeit und Entwicklung (*Organisation for Economic Co-operation and Development*, OECD):

> Pre-vocational education is mainly designed to introduce participants to the world of work and to prepare them for entry into further vocational or technical programmes. Successful completion of such programmes does not lead to a labour-market relevant vocational or technical qualification (OECD 2002, S. 372).

Die OECD-Definition betont ausdrücklich, dass die vorberufliche Bildung nicht zu einem Berufsabschluss führt, „sondern eine Maßnahme zur Vorbereitung für weitere Ausbildungsprogramme darstellt" (Li & Pilz 2011, S. 139). Zusammenfassend kann für die vorliegende Analyse die Arbeitsdefinition in Anlehnung an die OECD (vgl. 2002) und Li (vgl. 2013; Li & Pilz 2011) wie folgt bestimmt werden:

Vorberufliche Bildung charakterisiert die Gesamtheit der schulischen Maßnahmen, die von offizieller Seite in der Sekundarschule (*Lower Secondary*), mit der Intention den Übergang auf den Arbeitsmarkt zu erleichtern, durchgeführt werden. Sie zielt darauf ab, die Jugendlichen auf die Arbeitswelt oder auf weitere berufliche Bildungswege vorzubereiten.

Diese Definition geht über das Schulfach *Pre-Vocational Education* hinaus, schließt aber dennoch die formulierten Zielsetzungen mit ein und begrenzt die Untersuchung auf die Jahrgangsstufen 9 und 10 des indischen Bildungssystems. Dadurch, dass alle pädagogischen Maßnahmen zur Vermittlung von Fertigkeiten, Fähigkeiten, Wertvorstellungen und Einstellungen, die den Übergang auf den Arbeitsmarkt vereinfachen, mit einbezogen werden, ist die vorberufliche Bildung darüber hinaus nicht an ein bestimmtes Schulfach gebunden (vgl. Li & Pilz 2011, S. 139).

2 Institutionalisierte Bildung in Indien

2.1 Historische Einflüsse und Entwicklungen

Um einen Einblick in die Vielschichtigkeit des nach dem chinesischen zweitgrößten Bildungssystems der Welt (vgl. Rhines et al. 2006, S. 1) zu erhalten, werden an dieser Stelle einige historische Einflüsse auf das Bildungssystem exemplarisch aufgegriffen.

Eine mögliche Strukturierung dafür bietet Aggarwal (vgl. 2007), der die Historie des indischen Bildungssystems in fünf Kapitel einteilt, die jeweils durch unterschiedliche religiöse, kulturelle sowie politische Traditionen und Einflüsse geprägt sind. Die Einteilung beginnt im vedischen Indien, das je nach Definition um 1500, 2500 oder 4000 vor Christus datiert wird, und führt über das islamisch geprägte Mittelalter, die westlich dominierte Kolonialzeit sowie die Zeit nach der Unabhängigkeit von der britischen Kolonialmacht hin zu den gegenwärtigen Herausforderungen des Bildungswesens. Diese Einteilung verdeutlicht die lange Geschichte und die daraus resultierende Komplexität des Bildungssystems, dessen Entwicklung sich über mindestens drei Jahrtausende erstreckt. Auch deshalb ist eine detaillierte Thematisierung der unterschiedlichen Einflüsse im Rahmen dieser Arbeit nicht möglich.

Ferner kann aber festgehalten werden, dass insbesondere die Einflüsse des Hinduismus, des Buddhismus, des Islam und der britischen Kolonialherrschaft gegenwärtig deutlich sichtbar sind. Die religiösen Traditionen etwa sind heute noch in der Unterrichtspraxis sowie der Lehrerrolle manifest, während die Kolonialzeit speziell in der Auswahl der Inhalte, der Leistungsfeststellung sowie der Zielsetzung und der organisatorischen Struktur des Schulsystems deutlich werden (vgl. Sheshagiri 2011, S. 463).

Einige Schlüsselaspekte der gegenwärtigen indischen Bildungspraxis können, wie bereits erwähnt, bis auf Praktiken und Vorstellungen der vedischen Zeit zurückverfolgt werden, dies gilt beispielshalber für die in Indien sehr verbreitete Unterrichtspraxis des Auswendiglernens (vgl. ebd., S. 467 f.).

> [...] learning through memorization can [...] be linked strongly with behaviorist principles, the use of memorization as a learning tool in India can be traced back several centuries, perhaps even few millennia, with its origin in a predominantly oral culture (ebd., S. 467; Auslassungen d. Verf.).

Sheshagiri führt die lange Dominanz von behavioristischen Prinzipien darauf zurück, dass Bildung auf dem indischen Subkontinent lange mündlich überliefertes religiöses Wissen und nur den männlichen Mitgliedern der Brahmanen (Priesterkaste) und den Kshatriyas (Krieger- und Fürstenkaste) vorbehalten war. Ausgeschlossen waren Mädchen, die unteren Kasten (Vaishyas und Shudras) sowie die „unberührbaren" Kasten (Dalits/scheduled castes). Lernen bzw. Bildung bestand in erster Linie darin, dass religiöse Texte ebenso wie die dazugehörige korrekte Interpunktion durch Nachsprechen auswendig gelernt wurden. Diese lange Tradition wurde später durch koloniale Einflüsse und die damit verbundene Praxis der Leistungsfeststellung und -bewertung verstärkt und gefestigt (vgl. ebd., S. 467 f.).

Das traditionelle Verständnis von Lehr-/Lernprozessen spiegelte sich auch in den vergangenen Curricula und Richtlinien wider, die zu weiten Teilen das behavioristische Paradigma adaptierten. Erst das *National Curriculum Framework* 2005 (NCF 2005), das weiter unten Gegenstand der Analyse sein wird, richtet sich nach einem konstruktivistischen Paradigma (vgl. Nawani & Jain 2011, S. 513).

Sheshagiri (vgl. 2011, S. 474) benennt neben den erwähnten Einflussfaktoren des Weiteren auch moderne (reform-)pädagogische Strömungen, zum Beispiel vertreten durch Rousseau, Pestalozzi, Montessori, Dewey oder Piaget, die in den vergangenen Jahren zu einer Auflockerung der traditionellen Grenzen des Systems beitrugen. „The impact of such influences on educational planning and pedagogy in India has been to move it beyond the strict confines of religion-based education practices to adopt a more secular, universal approach" (ebd.).

Die auf Grund des elitären brahmanischen Bildungsverständnisses historisch entstandene Exklusion und Benachteiligung von Mädchen und den unteren Kasten machen sich dessen ungeachtet heute noch bemerkbar. Sichtbar sind die Folgen beispielsweise darin, dass auch gegenwärtig die Mehrzahl der vornehmlich männlichen Schüler, die die Sekundarschule bzw. die höhere Sekundarschule durchlaufen, den höheren Kasten oder der Mittel- und Oberschicht angehören (vgl. Rhines et al. 2006, S. 1 f.; Biswal 2011, S. 12).

Ein weiterer Punkt, der die Folgen verdeutlicht, ist der Alphabetisierungsgrad der indischen Bevölkerung. Die Entwicklung verläuft insgesamt positiv, allerdings betrifft sie Jungen und Mädchen respektive Männer und Frauen in einem ungleichen Maße (vgl. GoI 2011a, S. 101 f.) (siehe Abbildung 1).

Dieses Unterkapitel sollte einen Einblick in die verschiedenen Einflüsse auf das Bildungsverständnis und die Bildungsentwicklung in Indien bieten. Es ist zu betonen, dass etwa die herausgestellten religiösen Traditionen nur einen kleinen – wenn auch tiefgreifenden – Ausschnitt der vielfältigen Einflüsse und Prägungen darstellen.

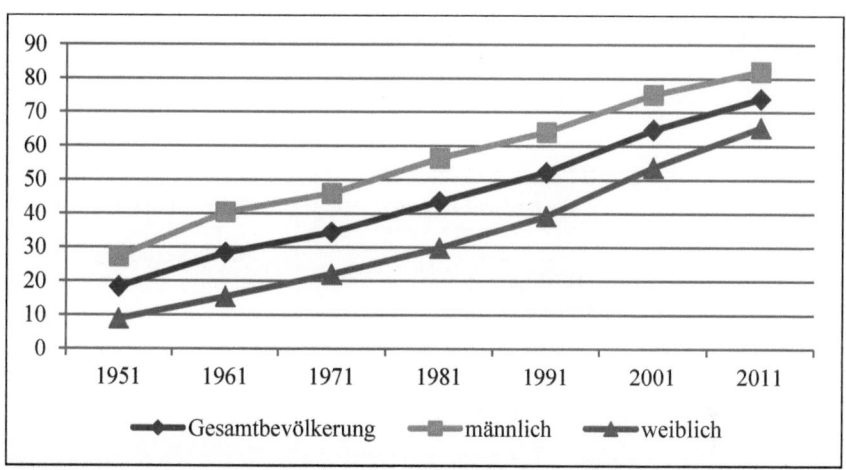

Abbildung 1: Alphabetisierungsgrad 1951-2011 in %. Quelle: nach GoI 2011a, S. 102

2.2 Architektur und Konzeption des Bildungssystems

Im allgemeinbildenden Zweig des indischen Schulsystems gibt es derzeit beinahe 1,3 Millionen Institutionen mit circa 227 Millionen Schülern und Schülerinnen (vgl. Männicke 2011, S. 15). Alle Bildungsangelegenheiten werden zentral vom *Ministry of Human Resource Development* (MHRD) und dem *Central Advisory Board of Education* (Oberster Schulbeirat), dem auch die Bildungsminister und -ministerinnen der Bundesstaaten angehören, in Neu Delhi ausgearbeitet, entschieden und an die regionalen Ministerien sowie Beiräte weitergegeben (vgl. NORRIC 2006, S. 5; Pilz & Mond 2011, S. 7). In dem erlassenen Rahmen obliegt es dann den 35 Bundesstaaten und Unionsterritorien die nationalen Vorgaben für die regionalen Heraus- und Anforderungen zu adaptieren (vgl. UNESCO 2011, S. 4).

Als ehemalige britische Kolonie geht die Struktur des Bildungssystems auf das des Vereinigten Königreichs zurück und folgt einer 10+2-Regelung[1], die für das gesamte Staatsgebiet gilt, aber in den verschiedenen Regionen in der Dauer der einzelnen Stufen oder dem Alter der Einschulung differieren (vgl. Pilz & Mond 2011, S. 7). Die Primarstufe (*Primary Education*) setzt sich aus der

---

1 Die einheitliche Struktur des Bildungswesens wurde im Zuge der National Policy on Education 1986 eingeführt und hat sich seither landesweit etabliert (vgl. Aggarwal 2007, S. 218).

Primary School und der *Upper Primary School* zusammen und umfasst die Jahrgangsstufen 1 bis 8. Auf die Primarbildung folgt das Sekundarschulwesen (*Secondary Education*), das sich in Indien in aller Regel insgesamt über vier Jahre erstreckt.

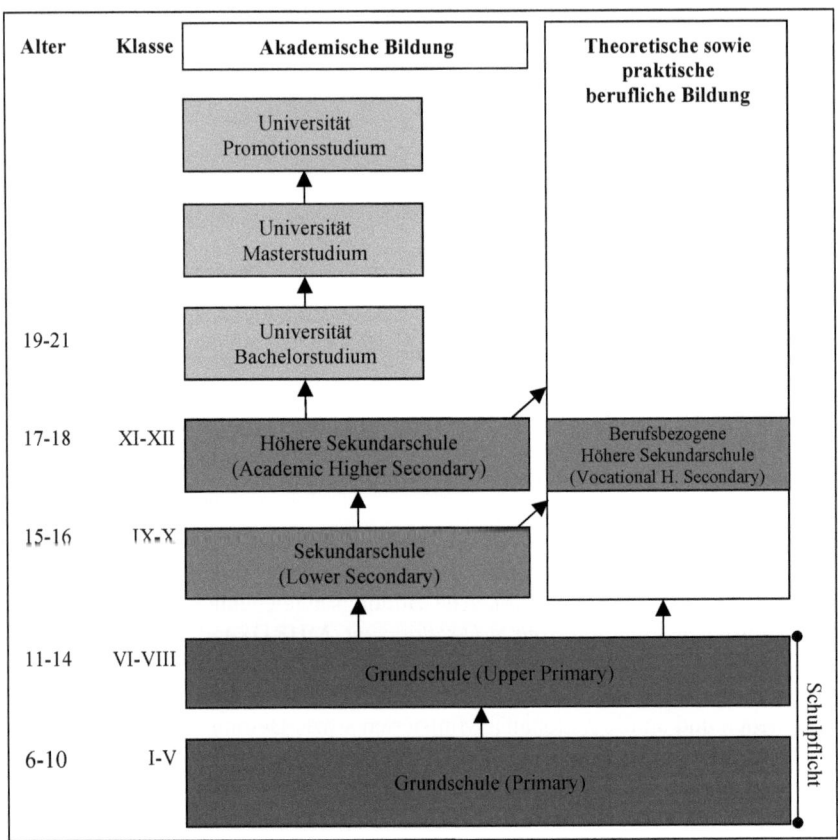

Abbildung 2: Das indische Bildungssystem im Überblick. Quelle: eigene Darstellung[2] in Anlehnung an NUEPA 2008, S. 14; Pilz & Mond 2011, S. 8

---

2 Sowohl die theoretische als auch die praktische berufliche Bildung werden in diesem Kontext nur angedeutet und nicht differenziert betrachtet (vgl. für weiterführende Informationen insbesondere Pilz & Mond 2011).

2.2 Architektur und Konzeption des Bildungssystems 23

Auf die Jahrgangsstufen 9 und 10 folgt entweder der akademische oder der berufsbezogene Zweig der höheren Sekundarschule. Letzterer bereitet die Lernenden auf die Arbeitswelt oder eine weitere berufsorientierte Bildungsinstitution vor. Am Ende der *Academic Higher Secondary* steht die Zugangsberechtigung zu einer Universität (siehe Abbildung 2).

In allen Bundesstaaten finden am Ende der zehnten bzw. zwölften Klasse zentrale öffentliche Abschlussprüfungen durch den jeweiligen verantwortlichen Schulbeirat (*Boards of Secondary and Higher Secondary Education*) statt (vgl. Pilz & Mond 2011, S. 7; UNESCO 2011, S. 9 f.).

Die einzelnen Schulen sind verschiedenen Beiräten angegliedert, die alle innerhalb der zentralen Vorgaben handeln, aber letztlich die nationale und lokale Ausgestaltung der Bildung beeinflussen und zu weiten Teilen mitbestimmen. Zu den Hauptaufgaben der Beiräte gehören dabei die Koordination der verschiedenen Schulstufen, die Zulassung von Schulbüchern, die Zuteilung von Lehrkräften, die Durchführung der Abschlussprüfungen und die Vergabe der Abschlusszeugnisse. Darüber hinaus formulieren sie die Curricula für alle angegliederten Schulen (vgl. Sharma 1991, S. 138 ff.). In Indien gibt es insgesamt 41 anerkannte Bildungsbeiräte, darunter drei nationale und 38 regionale. Die drei nationalen Beiräte sind das *National Institute for Open Schooling*, das sich insbesondere an Schulabbrecher, Schüler und Schülerinnen im ländlichen Raum sowie an informelle Bildungseinrichtungen richtet, das *Central Board of Secondary Education* (CBSE) und das *Council for Indian School Certificate Examination* (CISCE) (vgl. World Bank 2009, S. 47 f.).

2.2.1 Schulbeiräte, Richtlinien und Curricula

„The core business of secondary education is to ensure that the curriculum and the teaching and learning process adequately prepare children to join the labor market or to continue on to higher education" (World Bank 2009, S. 46).

Dieses Kernanliegen wird je nach Zugehörigkeit einer Schule zu einem Beirat sehr unterschiedlich verfolgt. Durch die Schulbeiräte sind in Indien die Curricula, die Schulbücher sowie die Durchführung der Abschlussprüfungen im Anschluss an die zehnte Jahrgangsstufe unterschiedlich gestaltet. Dies hat nicht zuletzt zur Folge, dass hier Schwierigkeiten in der Vergleichbarkeit innerhalb des indischen Sekundarschulwesens entstehen (vgl. World Bank 2009, S. 48). Daher kann ähnlich wie in der Bundesrepublik auch nicht von *der einen* indischen Sekundarschule und *dem einen* Curriculum gesprochen werden. Bei einer Curriculumanalyse im indischen Kontext muss vielmehr immer bedacht werden, von welchem Beirat das Curriculum herausgegeben wird und welche Gültigkeit es dadurch besitzt. Auch zur Überwindung der aus der Heterogenität resultierenden Herausforderungen, formuliert die indische Regierung bzw. das *National Council of Educational Research and Training* (NCERT) auf nationaler Ebene im NCF 2005 gemeinsame Richtlinien für alle Schulen der Jahrgangsstufen 1 bis 10 bzw. 12. Die mit dem NCF 2005 verbundenen Ziele sind u. a. die übersichtlichere Gestaltung der Fülle an Curricula, die stärkere Orientierung der Unterrichtsinhalte am Alltag der Schüler und Schülerinnen und wie bereits erwähnt, die Initiierung des Wechsels vom behavioristischen zum konstruktivistischen Paradigma im indischen Schulsystem. Wie die Richtlinien und Ziele des NCF 2005 aber letztlich umgesetzt werden, differiert von Beirat zu Beirat. In aller Regel decken die Curricula im Kern die Fächer bzw. die Bereiche Mathematik, Sprachen, Sozialwissenschaften, Kunst, Sport und Naturwissenschaften ab (vgl. World Bank 2009, S. 46 ff.).

Die beiden größten Beiräte sind das CBSE und das CISCE (vgl. Quality Council of India o. J., S. 6). Diese werden in der Folge näher betrachtet, da sie die Curricula formulieren, die später zum Gegenstand der Analyse gemacht werden (vgl. Kapitel 3.2).

Das CBSE als nationales Organ wurde im Jahr 1962 gegründet, um zunächst insbesondere den Bedürfnissen der Kinder und Jugendlichen gerecht zu werden, die häufig mit Schulwechseln konfrontiert waren, da ihre Eltern im Staatsdienst tätig waren und häufig versetzt werden konnten. Von anfangs knapp 300 Schulen sind es heute nahezu 10 000 Sekundarschulen und höhere Sekundarschulen[3], die sich nach den Vorgaben des CBSE richten (vgl. ebd., S. 8). Hinzukommen bis zu 1 Million privater Schüler und Schülerinnen, die sich für die Abschlussprüfungen des CBSE anmelden. Da es unter dem MHRD arbeitet, richtet es sein Curriculum stark am NCF 2005 aus (vgl. World Bank 2009, S. 49). Nach der zehnten Jahrgangsstufe haben die Jugendlichen die Möglichkeit die Prüfung zur *All Indian Secondary School Examination* abzulegen. Nach der höheren Sekundarschule können sie das *All Indian Senior School Certificate* erreichen (vgl. Quality Council of India o. J., S. 7).

Das CISCE wurde 1958 gegründet und ist ebenfalls ein nationaler Schulbeirat, der anders als das CBSE nicht der indischen Regierung und Verwaltung untergeordnet ist, sondern privatrechtlich organisiert ist. Die Hauptunterschiede liegen neben der Bezeichnung der Abschlüsse darin, dass die zentralen Abschlussprüfungen durch das private CISCE ausschließlich in Englisch durchge-

---

3   Zu den Schulen in Indien kommen noch ca. 20 Schulen in anderen asiatischen Ländern oder auf dem afrikanischen Kontinent hinzu. Jährlich werden ca. 200 neue Schulen in das System des CBSE aufgenommen (vgl. NORRIC 2006, S. 14).

führt werden. Es richten sich ca. 1500 meist private Schulen nach den Vorgaben des CISCE[4]. Auch das CISCE ermöglicht verschiedene Abschlüsse. So können die Lernenden nach der Jahrgangsstufe 10 das *Indian Certificate of Secondary Education* (ICSE) erlangen. Nach dem 12. Schuljahr können das *Indian School Certificate* oder das *Certificate in Vocational Education* erworben werden (vgl. World Bank 2009, S. 49).

Im Wesentlichen sind die Ziele und Inhalte der Lehrpläne für die Sekundarschule der beiden vorgestellten Schulbeiräte ähnlich, weshalb auch die Abschlüsse nach der zehnten Jahrgangstufe als gleichwertig betrachten werden können (vgl. NORRIC 2006, S. 8).

2.2.2 Schulpflicht

In den meisten modernen Staaten gilt seit langem eine allgemeine Schulpflicht. Sie „gilt als eine der großen Errungenschaften [...] [und] ist nicht nur Pflicht, die dem Einzelnen auferlegt wird, sondern auch eine Pflicht, die der Staat übernimmt und übernehmen muss" (Brenner 2009, S. 12; Auslassung u. Einfügung d. Verf.). Bereits in der ersten Ausgabe der indischen Verfassung existierte die Vorgabe allen Kindern kostenlose und verpflichtende Bildung zu ermöglichen (vgl. Aggarawala & Aiyar 1950, S. 63).

Dennoch ist die Umsetzung einer Schulpflicht dort noch nicht allzu alt. Auf dem indischen Subkontinent sollte sie für sechs bis 14-jährige Kinder und Jugendliche erst seit der Neuaufnahme des Artikels 21A in die indische Verfassung im Jahre 2002 verbindlich werden (vgl. GoI 2002). Der offizielle Gesetzestext in Artikel 21A lautet: „The State shall provide free and compulsory education to all children of the age of six to fourteen years *in such manner as the State may, by law, determine*" (GoI 2011b; Hervorhebung d. Verf.). Vom Wortlaut kann bereits abgeleitet werden, dass die Schulpflicht real nur eine eingeschränkte Verordnung darstellt, die die Bundesstaaten nach ihren regionalen Möglichkeiten versuchen sollten umzusetzen. Die regionalen Unterschiede drücken sich etwa in den ungleichen statistischen Daten der Bundesstaaten und Unionsterritorien aus. So lag beispielshalber im Zeitraum 2005-2006 die Brutto-Einschreibungsquote[5]

---

4 Auf der Internetpräsenz des CISCE können folgende Zahlen summiert werden: 1860 Schulen insgesamt und darunter 1846 Sekundarschulen richten sich nach den Vorgabe des CISCE (vgl. http://www.cisce.org/Locate.aspx, Stand: 10. April 2012).
5 Brutto-Einschreibungsquoten bezeichnen die Zahl der Schüler und Schülerinnen, die unabhängig von ihrem Alter in einer bestimmten Schulstufe eingeschrieben sind, im Verhältnis zur absoluten Zahl der Alterskohorte, die im eigentlichen Sinne zu dieser Schulstufe gehört. Die Netto-Einschreibungsquote bezieht sich ausschließlich auf diese Kohorte (vgl. UNESCO 2009).

für die Jahrgangsstufen 6 bis 8 in Tamil Nadu bei ca. 106% und in Bihar bei etwas über 34% (vgl. MHRD 2005, S. 36).

Auch wenn die Brutto-Einschreibungsquote für ganz Indien in der Primarstufe in den vergangenen Jahren bereits sehr hoch war, lag die bereinigte doch deutlich darunter (siehe Tabelle 1). Nach Dubey (vgl. 2010, S. 2 f.) ist die Dunkelziffer der Schüler und Schülerinnen, die keine Schule besuchen, noch höher als die Zahlen, die sich aus Tabelle 1 ergeben. Der Autor führt dies u. a. darauf zurück, dass es in weiten Teilen des Landes gar keine Schulen gab bzw. gibt und darüber hinaus die Kasten- und Schichtzugehörigkeit – wenn auch nicht offiziell – eine tragende Rolle für den Schulbesuch spielen. Insbesondere sozial benachteilige Kinder in ländlichen Regionen leiden unter der fortwährenden schulischen und gesellschaftlichen Exklusion.

		Grundschule	Sekundarschule	Höhere Sekundarschule
Anzahl der Schulen***		1 061 061	159 708	
Schülerzahl*		184 244 000	24 972 000	13 414 000
(%)	Abbruchquote*	24-26	12	keine Angaben
	Brutto-Einschreibungsquote **	110	56	
	Netto-Einschreibungsquote **	87	keine Angaben	keine Angaben
* 2006 ** 2009 *** 2010				

Tabelle 1: Ausgewählte statistische Daten. Quelle: nach UNESCO 2009; Männicke 2011, S. 15 f.

Erst mit dem Inkrafttreten des *Right of Children to Free and Compulsory Education Act, 2009* (RTE Act) am 1. April 2009, gibt es eine „echte" allgemeine Schulpflicht, da die Gesetzesnovelle alle Bundesstaaten und Unionsterritorien[6]

---

6 Das Gesetz gilt für ganz Indien, außer für den Bundesstaat Jammu und Kashmir (vgl. GoI 2009, S. 1).

zur flächendeckenden Umsetzung der kostenlosen Schulbildung für alle sechs bis 14-Jährigen verpflichtet (vgl. Dhar 2010). Premierminister Manmohan Singh (2010) betont dabei ausdrücklich die Bedeutung des Erlasses für die marginalisierten Bevölkerungsteile Indiens:

> The Fundamental Right to Education, as incorporated in our Constitution under Article 21 A, has also become operative from today. [...] The needs of every disadvantaged section of our society, particularly girls, dalits, adivasis and minorities must be of particular focus as we implement this Act.

Es bleibt abzuwarten, wie erfolgreich die Implementierung des RTE Act verläuft. Erste Bestandsaufnahmen deuten auf einen langwierigen und schwierigen Prozess hin, der etwa auf Grund von Finanzierungsschwierigkeiten oder Unklarheiten bezüglich der Zuständigkeiten im Gros der Staaten noch nicht angelaufen ist (vgl. Yasmeen 2010).

3 Methodik der Curriculumanalyse

3.1 Allgemeine Charakteristika der Inhaltsanalyse

Die Untersuchung wird mittels der Inhaltsanalyse durchgeführt, eine Methode, die in der Forschung je nach Fachbereich und Zielsetzung unterschiedlich definiert wird (vgl. Mayring 2008, S. 11 f.). Früh (2001, S. 25) definiert die Inhaltsanalyse als „eine empirische Methode zur systematischen, intersubjektiv nachvollziehbaren Beschreibung inhaltlicher und formaler Merkmale von Mitteilungen". Diese Auslegung ist wenig restriktiv und eignet sich daher besonders als übergeordnete Definition[7] (vgl. Diekmann 2007, S. 578).

In dieser Arbeit werden insbesondere grundlegende Prinzipien der qualitativen Inhaltsanalyse nach Mayring (vgl. 2008) angewandt, die sich auch der oben genannten allgemeinen Definition zuordnen lassen. Der Autor unterscheidet zwischen drei Grundformen des Interpretierens, in die die unterschiedlichen inhaltsanalytischen Techniken eingeteilt werden können:

1. Zusammenfassung: Hier soll das Material so abstrahiert werden, dass das Wesentliche nicht verloren geht und trotz Reduzierung des Materials ein inhaltliches Abbild des Gesamtmaterials entsteht (vgl. ebd., S. 58).
2. Explikation: Einzelne unklare Textbestandteile werden durch das Heranziehen zusätzlicher Materialien genauer auf ihre Bedeutung hin analysiert (vgl. ebd.).
3. Strukturierung: Mittels der Analyse soll das Material auf bestimmte Strukturmerkmale untersucht werden. Ziel ist es „einen Querschnitt durch das Material zu legen oder das Material aufgrund bestimmter Kriterien einzuschätzen" (ebd.).

Der Autor entwickelt ein „allgemeines inhaltsanalytisches Ablaufmodell", das in der Grundstruktur immer gleich bleibt, aber für die konkrete Analyse und die

---

[7] Es wird darauf verzichtet die Diskussion um das Begriffspaar „qualitativ und quantitativ" zu thematisieren. Daher wird eine allgemeine Definition gewählt und auf Diekmann (vgl. 2007), Früh (vgl. 2001) sowie Mayring (vgl. 2008) verwiesen. Dort finden sich auch umfassende Darstellungen zur Methodik der (qualitativen) Inhaltsanalyse.

ausgewählte Technik ausdifferenziert bzw. für das ausgewählte Material modifiziert werden muss (vgl. ebd., S. 53 f.) (siehe Abbildung 3).

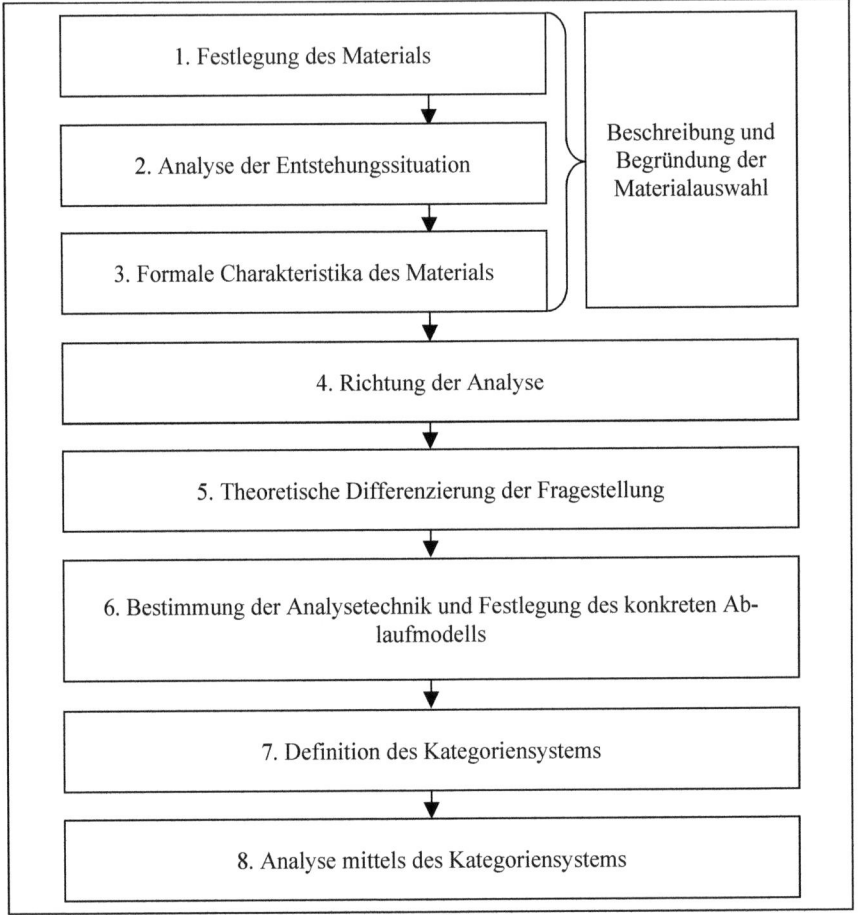

Abbildung 3: Allgemeines inhaltsanalytisches Ablaufmodell. Quelle: in Anlehnung an Mayring 2008, S. 54

Dieses Kapitel und somit auch der methodische Aufbau der Analyse werden ebenfalls entlang dieses Ablaufmodells konzipiert, wobei zu betonen ist, dass es nicht als starres methodisches Korsett, sondern vielmehr als „allgemeines Modell zur Orientierung" (ebd., S. 53) dient. Dies wird u. a. durch die Zusammenfassung mehrerer Schritte zu einem Unterkapitel (vgl. Kapitel 3.2) deutlich und dadurch dass der vierte Schritt bereits in Kapitel 1.1 behandelt wurde.

3.2 Beschreibung und Begründung der Materialauswahl

Bei der Auswahl der Untersuchungsgenstände wird Wert darauf gelegt, dass den Materialien eine möglichst große Geltung beigemessen werden kann. Es werden neben den Richtlinien des NCERT auch Curricula für die Sekundarschule des CBSE sowie des CISCE für die Analyse ausgewählt.

Das NCF 2005 stellt, wie oben dargestellt, nationale Richtlinien dar, an denen sich alle in Indien gültigen Curricula orientieren. Es wurde bereits deutlich, dass dies in unterschiedlichem Umfang geschieht. Das NCF 2005 besitzt aber dennoch eine Bundesstaaten, Unionsterritorien und Beiräte übergreifende Gültigkeit. Es stellt einen Ordnungsrahmen für die Bestimmung von Kompetenzen dar, die die Lernenden in der Schule erwerben sollen (vgl. NCERT 2005, S. 2). Die beiden ausgewählten Beiräte haben in beratender Funktion bei der Formulierung der Richtlinien mitgewirkt (vgl. ebd., S. v), sodass ein direkter Zusammenhang zwischen den Dokumenten besteht.

In den Richtlinien werden Bildungsideale und -ziele für alle Schulstufen in Bezug auf den individuellen Lernenden und auch ihre Bedeutung für die indische Gesellschaft formuliert. Überdies gibt es Richtlinien für einzelne Bereiche, Fächer und Schulstufen. Zur Analyse werden zum einen die allgemeingültigen Fragmente des Dokuments ausgewählt, da sie die offiziellen Ziele und Ideale darstellen. Gemäß Arbeitsdefinition ist die vorberufliche Bildung nicht an ein bestimmtes Fach gebunden, weshalb zum anderen die Ausführungen zu den Fächern und Lernbereichen, die Inhalte vorberuflicher Bildung vermuten lassen, durchleuchtet werden. Das sind hier *Social Science* und *Work and Education*. Ausgenommen sind die Teile der Richtlinien, die sich explizit auf die Vorschule, Grundschule oder höhere Sekundarschule beziehen.

Des Weiteren werden das vom CBSE (vgl. 2011) herausgegebene *Secondary School Curriculum 2013* und das vom CISCE (vgl. 2012) formulierte *Syllabus for ICSE 2013* zu Gegenständen der Analyse gemacht, da sie nachweisbar an einer Vielzahl von Schulen eingesetzt werden (vgl. Kapitel 2.2.1). Dort gelten die Curricula für die gegenwärtigen Klassen der Jahrgangstufe 9 und somit für die Abschlussprüfungen nach der Jahrgangsstufe 10 im Jahr 2013. Demzufolge weisen die Curricula neben dem breiten Wirkungsgrad auch eine besondere Aktualität auf. Auch hier gilt, dass die Fächer ausgewählt werden, die für die vorberufliche Bildung relevant sind. Es werden sowohl Pflicht- als auch Wahlfächer analysiert.

Die Pflichtfächer des CBSE-Curriculum, die analysiert werden, sind: *Social Science* und *Work Education*. Im Curriculum gibt es auch das Fach *Pre-Vocational Education*, aber wie in der Bestimmung der Definition bereits deutlich geworden, kann diesem lediglich der Versuchscharakter attestiert werden. Auf Grund der sehr geringen Verbreitung wird es nicht in die Analyse miteinbezogen. Die geringe Bedeutung kann auch davon abgeleitet werden, dass es lediglich auf etwas mehr als einer Seite ohne konkrete Inhalte und mit wenigen Lernzielen beschrieben wird (vgl. CBSE 2011, S. 217 f.). *Work Education* hingegen wird an allen Schulen angeboten und soll inner- und außerschulische Gelegenheiten zur Teilhabe an gesellschaftlichen und ökonomischen Aktivitäten bieten und die Lernenden an die Arbeitswelt heranführen und schließt Inhalte der *Pre-Vocational Education* mit ein (vgl. ebd., S. 219). Von den Wahlfächern wird *Commerce* analysiert.

Relevant für die Analyse sind auch die verpflichtenden Vorgaben des CISCE für das Fach *Socially Useful Productive Work and Community Service* (SUPW) (vergleichbar mit *Work Education*) und für den Fächerverbund *History, Civics and Geography* (HCG). Darüber hinaus werden aus dem Wahlbereich I die Curricula der Fächer *Economics* und *Commercial Studies* sowie aus dem zweiten Bereich *Economics Applications* und *Commercial Applications* für die Untersuchung ausgewählt. Im Wahlbereich I können beide Fächer parallel belegt werden. Im Wahlbereich II gilt die Beschränkung, dass *Economic Applications* sowie *Commercial Applications* nicht belegt werden können, wenn der entsprechende Bereich bereits als erstes Wahlfach belegt wurde. Dies wird bei der Auswertung und Diskussion der Analyseergebnisse Beachtung finden (vgl. Kapitel 4.3).

3.3 Theoretische Differenzierung der Fragestellung

Die curriculare Verankerung vorberuflicher Bildung ist bisher noch nicht tiefgreifend untersucht worden. Anders sieht es mit vergleichenden Untersuchungen zur beruflichen Bildung im internationalen Kontext aus (vgl. Li 2013, S. 5). Zur Differenzierung der Fragestellung werden an dieser Stelle zwei jüngst erstellte Untersuchungen, die sich mit der curricularen Verankerung von vorberuflicher Bildung in unterschiedlichen Ländern befassen, exemplarisch vorgestellt.

1. Li (vgl. 2013) untersucht in der Studie *Pre-vocational Education in Germany and PRC: A Comparison of Curricula and its Implications* die Entwick-

lung der vorberuflichen Bildung sowie ihrer curricularen Ausgestaltung in China und der Bundesrepublik Deutschland. Das erkenntnisleitende Interesse im ersten Teil des Ländervergleichs liegt darin zu ermitteln und zu vergleichen, wie die vorberufliche Bildung in den ausgewählten Curricula konzipiert ist und welche Lernziele und Prinzipien durch die Implementierung verfolgt werden. Im zweiten Teil der Studie werden mittels Lehrerinterviews Diskrepanzen zwischen der Umsetzung in der Schule und den curricularen Vorgaben untersucht.

2. Das Projekt *Fit for Business* (vgl. Pilz et al. 2012) analysiert vorberufliche und ökonomische Bildung in sieben europäischen Staaten (Deutschland, Österreich, Ungarn, Lettland, Polen, Portugal und Schottland). Untersucht werden dabei die inhaltliche sowie organisatorische Ausgestaltung der vorberuflichen Bildung und die Unterschiede zwischen dem vorgeschriebenen Curriculum und der (tatsächlichen) schulischen Praxis. Des Weiteren werden die Rolle und die Erwartungen von Arbeitnehmer- und Arbeitgeberverbänden ermittelt. Ziel der Untersuchung ist neben der Verbesserung der vorberuflichen sowie der ökonomischen Bildung, auch die Stärkung unternehmerischer Kompetenzen. Außerdem sollen Implikationen für die Optimierung des Übergangs von der Schule auf den Arbeitsmarkt geliefert werden (vgl. Pilz 2012, S. 9).

Für den indischen Kontext existieren bisher keine derartigen Publikationen bzw. Untersuchungen[8]. Das Erkenntnisinteresse der vorliegenden Arbeit liegt daher

---

8 Es existieren vereinzelte Untersuchungen und Publikationen zu *Economics Education* in Indien (vgl. z. B. Bose & Sardana 2008; Srinivasan 2008). Diese beziehen sich in aller Regel auf das Wahlfach *Economics*, wie es durch das NCF 2005 für die höhere Sekundarschule bestimmt wird und nicht auf ein übergeordnetes Konstrukt, wie etwa die vorberufliche oder ökonomische Bildung. Darüber hinaus gibt es einige Beiträge zu dieser Thematik, die im Rahmen des *National Seminar on Economics Education* entstanden sind (abrufbar unter: www.ncert.nic.in/announ cements/oth_announcements/national_seminar/National_seminar.html). Gemäß der zugrunde gelegten Arbeitsdefinition (vgl. Kapitel 1.2) gehört dieses Fach aber nicht in den Untersuchungsbereich der Analyse.
Der Terminus *Economic Education* wird auch in englischsprachigen Publikationen mit dem Bezug auf ökonomische Bildung in Deutschland verwendet (vgl. dazu insbesondere Weber 2002). Es ist zu beachten, dass *Economics Education* in Indien nicht mit dem hiesigen Verständnis ökonomischer Bildung, wie es etwa durch die Deutsche Gesellschaft für ökonomische Bildung (DeGöB) definiert wird, gleichgesetzt werden kann. Demnach sollen Lernende aller Schulformen dazu „befähigt werden, in ökonomisch geprägten Situationen und Strukturen des gesellschaftlichen Zusammenleben [sic!] angemessen zu entscheiden und zu handeln sowie an deren Gestaltung mitzuwirken, um eine lebenswerte Gesellschaft zu sichern und weiter zu entwickeln" (DeGöB 2004, S. 5; Einfügung d. Verf.). Im Vergleich dazu beziehen sich die genannten indischen Veröffentlichungen auf das rein fachwissenschaftlich konzipierte Wahlfach *Economics*. Im Rahmen der höheren Sekundarschule sollen dort in zwei Schuljahren die

darin, systematisch ermittelte Aussagen über die curriculare Ausgestaltung vorberuflicher Bildung in Indien tätigen zu können. Die zentralen Fragestellungen der Analyse lauten in Anlehnung an die oben vorgestellten Studien:

- Wie ist die vorberufliche Bildung inhaltlich und strukturell in den ausgewählten Curricula und Richtlinien verankert?
- Welche Prinzipien nach Reetz dominieren dabei und welche Ziele können daraus abgeleitet werden?
- Existieren Unterschiede zwischen den gewählten Dokumenten?

3.4 Bestimmung der Analysetechnik

Für die Beantwortung der zentralen Fragestellungen eignet sich besonders die inhaltsanalytische Grundform der Häufigkeitsanalyse (vgl. Mayring 2008, S. 13 f., 57 ff.). Dabei werden die Curricula bzw. Richtlinien mittels der definierten Kategoriensysteme (vgl. Kapitel 3.5) analysiert. Codiert werden dabei neben expliziten auch implizite Nennungen. Es wird mit den allgemeinen Richtlinien begonnen, um dann im nächsten Schritt die Ziele und Inhalte der Curricula zu codieren[9]. Bei der Analyse der Curricula werden die Fächer zunächst einzeln ausgewertet und die Ergebnisse im Anschluss zusammengefasst. So können Aussagen über das gesamte Curriculum und über die individuellen Fächer getroffen werden. Die Codierung der Items wird in Form von Codierungstabellen festgehalten (siehe Tabelle 2). Die ausführlichen Codierungstabellen finden sich im Anhang (siehe S. 71 ff.).

Für den Fall, dass Elemente der Untersuchungsgegenstände nicht eindeutig als zu einer Kategorie gehörend codiert werden können, die Aussage aber dennoch einer Dimension zugeordnet werden kann, wird auf eine exakte Codierung verzichtet und das Item der übergeordneten Dimension als Ganzes zugewiesen (siehe Tabelle 2).

Themen *Statistics for Economics, Indian Economic Development* und *Introductory Microeconomics/Macroeconomics* behandelt werden (vgl. NCERT 2006b, S. 115).

9   Bei der Inhaltsanalyse wird der Interkoder-Reliabilität eine besondere Relevanz zugeschrieben. Dies bedeutet, dass sich in der Regel mehrere Analytiker mit dem Untersuchungsgegenstand befassen (vgl. Mayring 2008, S. 46). Da es sich bei der vorliegenden Untersuchung um eine Einzelleistung handelt, muss dieser Aspekt vernachlässigt werden. Damit dennoch eine gewisse Reliabilität gegeben ist, wird durch den Autor zunächst jede Codierung zweimal durchgeführt und im Abstand von 14 Tagen und 4 Wochen ein zufällig ausgewähltes Teildokument nochmals analysiert. Die erneuten Codierungen ergaben keine signifikanten Abweichungen.
In der Analyse wird versucht das Gütekriterium der Objektivität möglichst einzuhalten. Da auch implizite Nennungen codiert werden, bedarf es jedoch eines gewissen Maßes an Interpretation (vgl. Li 2013, S. 57).

Wortlaut und Position im Untersuchungsgegenstand	Art der Nennung		Code
	implizit	explizit	
Through such engagement, they also discover their own interests and aptitudes and begin to form ideas on what courses of study and related work they might like to pursue later (NCERT 2005, S. 68).	x		p8
- socially desirable values such as self-reliance, helpfulness, cooperativeness, teamwork, perseverance, tolerance, etc.; (CBSE 2011, S. 220).	x	x	p5, 4 s6
A basic understanding of the law of demand and supply in which demand and supply schedules are to be used to explain the demand and supply curves (CISCE 2012, S. 119).		x	e3
To provide appropriate knowledge and skills as a basis for further study or work or both (CISCE 2012, S. 182).	Schließt alle Kategorien der Situationsdimension mit ein		s

Tabelle 2: Codierungsbeispiele

3.5 Definition des Kategoriensystems

„Kernstück jeder Inhaltsanalyse ist das Kategoriensystem" (Diekmann 2007, S. 589). Auch nach Mayring (2008, S. 43) stellt das Kategoriensystem „das zentrale Instrument der Analyse dar". Hier liegt der Fokus der Ausführungen zum methodischen Vorgehen ebenfalls auf diesem Schritt.

In der vorliegenden Arbeit werden im Wesentlichen die von Li (vgl. 2013; Li & Pilz 2011) bestimmten Kategorien zur Analyse verwendet. Das Kategoriensystem umfasst drei Dimensionen: die Wissens-, die Situations- und die Persönlichkeitsdimension. Das im deutsch-chinesischen Kontext erstellte Analyseraster kann allerdings nicht ohne Modifikation auf den indischen Kontext übertragen werden. Die folgenden Bestimmungen der Kategorien für die Analyse der curricularen Ausgestaltung der vorberuflichen Bildung in Indien zeigen jedoch, dass die Wissens- sowie die Persönlichkeitsdimension auf Grund ihrer internationalen

Gültigkeit auch auf diese Analyse angewendet werden können. Aus den weiter unten genannten Gründen (vgl. Kapitel 3.5.4) wird versucht die Situationsdimension für den indischen Kontext neu zu bestimmen. Da die Untersuchungsgegenstände in englischer Sprache vorliegen, werden die Kategorien ebenfalls in Englisch bestimmt.

3.5.1 Theoretische Basis: Curriculumentwicklung nach Reetz

Das theoretische Fundament für die deduktive Bestimmung des Kategoriensystems[10] bildet die Theorie zur Curriculumentwicklung nach Reetz (vgl. 1984; 2003). Eine ausführliche Begründung der Wahl dieser Curriculumtheorie findet sich bei Li (vgl. 2013). Ihre Grundstruktur wird hier dennoch in der gebotenen Kürze beschrieben.

„Die Curriculumentwicklung ist als ein Problemlösungsprozess zu begreifen" (Reetz 2003, S. 100), der von einem existierenden Curriculum ausgeht und dieses weiterentwickeln möchte. Der zentrale Schritt dabei ist die Auswahl von Kriterien zur Lösung des Relevanzproblems. Es müssen also Kriterien angeführt werden, „mit deren Hilfe bedeutsame (relevante) Ziele/Inhalte *ermittelt, ausgewählt* und rechtfertigend *begründet* (legitimiert) werden können" (ebd., S. 101; Hervorhebung im Original). In der Didaktik sowie in der Curriculumtheorie finden sich unterschiedliche Ansätze zur Bestimmung von Inhalten und Lernzielen, die nach Reetz zu drei übergeordneten Prinzipien verdichtet werden können[11] (vgl. ebd.):

1. Das Erste ist das Wissenschaftsprinzip, „demzufolge die Ziel-/Inhalts-Wahl [...] von vorliegenden wissenschaftlichen oder anderen kulturellen Objektivationen" (ebd.; Auslassung d. Verf.) bestimmt wird. Hier wird die Auswahl der Inhalte in erster Linie durch die Struktur der Bezugsdisziplin bestimmt.
2. Nach dem Situationsprinzip werden die Lerninhalte und -ziele ausgehend von gegenwärtigen oder zukünftigen Lebenssituationen der Schüler und Schülerinnen bestimmt (vgl. ebd.).

---

10 „Eine deduktive Kategoriendefinition bestimmt das Auswertungsinstrument durch theoretische Überlegungen. [...] Eine induktive [...] hingegen leitet die Kategorien direkt aus dem Material in einem Verallgemeinerungsprozeß [sic!] ab, ohne sich auf vorab formulierte Theoriekonzepte zu beziehen" (Mayring 2008, S. 74 f.; Auslassungen u. Einfügung d. Verf.).
11 Beispielhaft kann hier auf verschiedene didaktische Konzepte ökonomischer Bildung verwiesen werden, die mit unterschiedlichen Ansätzen die existierende Stofffülle zu reduzieren bzw. zu systematisieren suchen (vgl. z. B. Kruber 2000; Steinmann 2008; Hedtke 2011).

3. Das Persönlichkeitsprinzip richtet die Auswahl „an den Bedürfnissen des Individuums und an seiner Persönlichkeitsentwicklung" (ebd., S. 112) aus. Es werden zwei Varianten differenziert. Zum einen werden die Inhalte am aktuellen Entwicklungsstand sowie an den Bedürfnissen und Vorerfahrungen der Lernenden ausgerichtet. Und zum anderen wird das Persönlichkeitsprinzip betont, wenn die Persönlichkeitsentwicklung und damit verbunden die Vermittlung von Schlüsselqualifikationen (Entscheidungsfähigkeit, Mündigkeit, Problemlösefähigkeit etc.) als curriculare Lernziele hervorgehoben werden (vgl. ebd., S. 112 ff.).

Die Gewichtung der Prinzipien bestimmt den gewählten Inhalt und somit auch die angestrebten Lernziele. Da die Prinzipien voneinander abhängig sind, können sie nicht isoliert voneinander betrachtet werden. Der Auswahlprozess bei der Curriculumentwicklung setzt vielmehr den zielgerichteten Gebrauch aller drei Prinzipien voraus (vgl. Reetz 1984, S. 77 f.).

Entlang der Prinzipien wird das Kategoriensystem für diese Analyse definiert. Die Analyse der unterschiedlichen Gewichtung der Prinzipien ermöglicht es Aussagen über die inhaltliche Struktur und die Lernziele der ausgewählten Untersuchungsgegenstände – respektive der Betonung des Fachwissens, der Situation Arbeitswelt oder der Persönlichkeitsentwicklung in der vorberuflichen Bildung in Indien – zu treffen. Ihre Einteilung findet in den oben bereits erwähnten Dimensionen statt.

3.5.2 Orientierung an Bezugsdisziplinen: Die Wissenschaftsdimension

Gemäß dem Wissenschaftsprinzip orientiert sich die Inhalts- und Zielauswahl an einer oder mehreren Bezugsdisziplinen. Die Sichtung internationaler Curricula zeigt, dass vorberufliche Bildung in der Regel die Disziplinen Volkswirtschaftslehre, Betriebswirtschaftslehre, Technologie und auch Hauswirtschaft umfasst. Wobei der Gegenstandsbereich der Hauswirtschaftslehre im Rahmen der vorliegenden Untersuchung ausgeklammert werden kann, da er nicht unmittelbar mit dem Übergang von der Schule auf dem Arbeitsmarkt zusammenhängt (vgl. Li 2013, S. 32-36, 47 ff.) (vgl. Arbeitsdefinition in Kapitel 1.2).

Li (vgl. ebd., S. 46 ff.; Li & Pilz 2011, S. 141 f.) bestimmt die Analysekategorien für die Wissenschaftsdimension aus der Übereinstimmungsanalyse der inhaltlichen Strukturen von international anerkannten universitären Lehrbüchern der Fachdisziplinen Technologie, BWL und VWL (siehe Tabellen 3 u. 4). Begründet durch die internationale Gültigkeit der ausgewählten Standardwerke, können die Kategorien nach Li auch für den indischen Untersuchungskontext übernommen werden. Die Auswahl schließt u. a. Lehrwerke von Appleby (1994), Hempstead und Worthington (2004), Baumol und Blinder (1991), Mankiw (2001), Lipsey und Chrystal (2007) sowie von Stiglitz und Walsh (2006)[12] mit ein.

Biotechnology	t1	Health and medicine	t11
Chemistry	t2	Homes (technology)	t12
Communications	t3	Leisure and entertainment	t13
Computers	t4	Materials	t14
Construction	t5	Scientific research/ measurement	t15
Electronics and electrical engineering	t6	Space	t16
Energy and power	t7	Transportation	t17
Environment	t8	Television, radio, audio recording	t18
Film, cinema, photography	t9	Warfare	t19
Food and agriculture	t10		

Tabelle 3: Kategorien für Inhalte aus der Technologie. Quelle: nach Li 2013, S. 68

---

12 Eine stichprobenartige Überprüfung bestätigt die Verwendung der Werke an indischen Universitäten. Verwiesen sei an dieser Stelle auf die Studiengangsbeschreibungen der University of Delhi unter: http://www.du.ac.in/index.php?id=237&course_id=6&cid=39.

3.5 Definition des Kategoriensystems

BWL (business)		VWL (economics)	
Nature of management	b1	Basic principles of economics	e1
Business and its external	b2	Thinking like an economist	e2
Corporate strategy and planning	b3	The market forces of supply and demand	e3
Organizing	b4	Trade and globalization	e4
Directing	b5	Actors in the market	e5
Controlling	b6	The monetary system (the role of money in the economy)	e6
Marketing and sales management	b7	Governments policies and its influences	e7
Production and operation	b8	Market forms	e8
Human resource management	b9	Firms in the market	e9
Administrative management	b10	Income	e10
		Indicators of economy	e11
		Labour market	e12

Tabelle 4: Kategorien für Inhalte aus BWL und VWL. Quelle: nach Li 2013, S. 64 f.

3.5.3 Orientierung am Individuum: Die Persönlichkeitsdimension

Generell unterstreichen beide Varianten des Persönlichkeitsprinzips (vgl. Kapitel 3.5.1), dass die Wahl des Inhalts sowie die „Bestimmung der Bedeutsamkeit von Lernzielen [letztlich] auf der pädagogischen Verantwortung gegenüber der je individuellen Persönlichkeit des Lernenden" (Reetz 2003, S. 116; Einfügung d. Verf.) beruhen sollten.

Bei der Auswahl der Kategorien für die Persönlichkeitsdimension wird von der zweiten Variante ausgegangen, die insbesondere die Persönlichkeitsentwicklung sowie die Vermittlung von Schlüsselqualifikationen betont. Obwohl sich Wissenschaftler und Wissenschaftlerinnen schon seit langem mit der Thematik befassen, gibt es speziell für das Konzept der Schlüsselkompetenzen keine allgemeingültige Definition (vgl. Li 2013, S. 70 f.).

Unter dem Begriff der Schlüsselqualifikation respektive -kompetenz versteht Reetz die „persönliche und bereichsübergreifende Fähigkeit, konkrete Handlungen (als Tun, Sprechen, Denken) jeweils neu und situationsgerecht zu generieren" (2003, S. 116). Der bereichsübergreifende Charakter weist darauf hin, dass eine Kompetenz generell als bedeutend angesehen werden muss, um als Schlüsselkompetenz zu gelten.

Die OECD stellt im Rahmen des Forschungsprojekts *Definition and Selection of Competencies* (DeSeCo) (vgl. DeSeCo 2005, S. 9 f.) drei Kriterien zur Bestimmung von Schlüsselkompetenzen auf und macht ebenso wie Reetz deutlich, dass Schlüsselkompetenzen bereichsunspezifisch übertragbar sein müssen.

1. Die Kompetenzen sollten sowohl für die Wirtschaft als auch für das Individuum und die Gesellschaft wertvoll sein (ebd., S. 9).
2. Sie sollten in unterschiedlichen Bereichen und Situationen des Lebens von Nutzen sein (ebd.).
3. Anknüpfend an das zweite Kriterium werden Kompetenzen ausgeschlossen, „die nur in einem bestimmten Wirtschaftszweig, Beruf oder Lebensbereich von Nutzen sind" (ebd., S. 10).

Auf Basis der genannten Merkmale formuliert die OECD drei Gruppen von Schlüsselkompetenzen[13] (vgl. ebd., S. 12 ff.) (siehe Tabelle 5).

Gruppe 1: Interaktive Anwendung von Medien und Mitteln technologisch auf dem neusten Stand; aktive Auseinandersetzung mit der Umwelt; nutzen von Medien, Mitteln und Werkzeugen	
Kompetenz 1-A	*Interaktive Anwendung von Sprache, Symbolen und Text* ➢ bspw. Lese-, Kommunikations- oder Mathematikkompetenz

---

13 Die OECD spricht von Kompetenzkategorien. Um Verwechselungen mit den Kategorien dieser Analyse zu vermeiden, erfolgt die Einteilung hier in Gruppen.

3.5 Definition des Kategoriensystems

Kompetenz 1-B	*Interaktive Nutzung von Wissen und Informationen* ➤ Unbekanntes erkennen und benennen ➤ Informationsquellen identifizieren, lokalisieren und nutzen ➤ Informationen und ihren Quellen bewerten ➤ Wissen und Information organisieren
Kompetenz 1-C	*Interaktive Anwendung von Technologien* ➤ informations- und kommunikationstechnologische Möglichkeiten zum eigenen Umfeld sowie zu den eigenen Zielen in Beziehung setzen
	**Gruppe 2: Interagieren in heterogenen Gruppen** Umgang mit gesellschaftlicher Heterogenität; Bedeutung von sozialem Kapital
Kompetenz 2-A	*Gute und tragfähige Beziehungen unterhalten* ➤ Empathie, Selbstreflexion ➤ Umgang mit Emotionen (eigene und fremde)
Kompetenz 2-B	*Kooperationsfähigkeit* ➤ eigene Ideen einbringen und die anderer Menschen anhören ➤ Verhandlungsfähigkeit ➤ unterschiedliche Standpunkte berücksichtigen ➤ dauerhafte (taktische) Vereinbarungen eingehen ➤ Diskussionsdynamiken verstehen
Kompetenz 2-C	*Bewältigung und Lösung von Konflikten* ➤ Konflikte und die Argumente aller Seiten unter Anerkennung unterschiedlicher Standpunkte analysieren ➤ Bereiche der (Nicht-)Übereinstimmung ermitteln ➤ Prioritäten setzen und Kompromisse eingehen
	**Gruppe 3: Eigenständiges Handeln** persönliche Identität entwickeln; Rechte ausüben und Verantwortung übernehmen; Funktionsweise der eigenen Umwelt verstehen
Kompetenz 3-A	*Handeln im größeren Kontext* ➤ Muster erkennen ➤ das System, innerhalb dessen man lebt, verstehen (Strukturen, Gesetze, Normen, Praxis, formelle und informelle Regeln und Erwartungen, die eigene Rolle, Sitten, Moralkodizes etc.)

	➤ (in-)direkte Folgen des eigenen Handelns abschätzen ➤ zwischen Handlungsweisen unter der Beachtung möglicher Folgen wählen
Kompetenz 3-B	*Lebenspläne und persönliche Projekte gestalten und realisieren* ➤ Projekte definieren sowie Ziele setzen ➤ verfügbare Ressourcen festlegen und evaluieren ➤ Ziele präzisieren und Prioritäten setzen ➤ erforderliche Ressourcen für mehrere Ziele einsetzen ➤ aus vergangenen Handlungen lernen und für zukünftige Ergebnisse planen ➤ Fortschritte überwachen und Korrekturen vornehmen
Kompetenz 3-C	*Wahrnehmung von Rechten, Interessen, Grenzen und Bedürfnissen* ➤ persönliche Interessen erfassen (z. B. bei Wahlen) ➤ schriftliche Regeln und Grundsätze kennen, um eigene Standpunkte zu begründen ➤ im persönlichen Interesse argumentieren

Tabelle 5: DeSeCo Kompetenzgruppen. Quelle: nach DeSeCo 2005, S. 12 ff.

Entsprechend der besonders herausgestellten Eigenschaft der allgemeinen Signifikanz von Schlüsselkompetenzen und auf Basis der OECD-Kompetenzgruppen, generiert Li (vgl. 2013, S. 70 f.) die Analysekategorien für die Persönlichkeitsdimension, die auch hier als Analyseeinheiten fungieren (siehe Tabelle 6).

The ability to use language, symbols and text interactively	p1
The ability to use knowledge and information interactively	p2
The ability to use technology interactively	p3
The ability to relate well to others	p4
The ability to cooperate	p5

The ability to manage and resolve conflicts	p6
The ability to act within the big picture	p7
The ability to form and conduct life plans and personal projects	p8
The ability to assert rights, interests, limits and needs	p9

Tabelle 6: Kategorien für die Persönlichkeitsdimension. Quelle: nach Li 2013, S. 72

3.5.4 Orientierung am Arbeitsmarkt: Die Situationsdimension

Nach dem Situationsprinzip beziehen sich die Lerninhalte auf die Lebenssituationen der Lernenden. Aus einem eher funktionalen Verständnis heraus werden diese „vorwiegend als *objektive* […] Bedingungslagen und Leistungsanforderungen der Gesellschaft/ Wirtschaft interpretiert" (Reetz 2003, S. 117; Hervorhebung im Original; Auslassung d. Verf.). Es kommt somit, wenn dieses Prinzip verfolgt wird, vor allem darauf an, dass Inhalte und Ziele ausgewählt werden, die unmittelbar auf die Aufgaben und Herausforderungen der jeweiligen Situation vorbereiten (vgl. ebd., S. 118). Hier liegt auch der Hauptunterschied zu der Persönlichkeitsdimension: Während dort der allgemeine Charakter der Schlüsselkompetenzen im Vordergrund steht, werden hier die Anforderungen der individuellen Situation betont.

Mit Blick auf die vorberufliche Bildung ist die Arbeitswelt die zentrale zukünftige Lebenssituation. In diesem Zusammenhang kommt das Situationsprinzip dann in einem Curriculum zum Tragen, wenn etwa Berufsorientierung, Berufswahlunterricht und grundlegende Informationen zur Berufswelt zu den schulischen Inhalten gehören. Den Darstellungen folgend liegt das Bestreben einer vorberuflichen Bildung, die dem Situationsprinzip folgt, darin den Schülern und Schülerinnen Wissen, Fähigkeiten und Fertigkeiten für die Arbeitswelt zu vermitteln (vgl. Li 2013, S. 73).

Die Wissens- und die Persönlichkeitsdimension konnten supranational ermittelt werden, da sie zum einen auf international anerkannten Lehrwerken und zum anderen auf einem im globalen Kontext entwickelten Referenzrahmen der OECD basieren. Für die Kategorien der Situationsdimension ist solch ein Vorgehen nicht zweckmäßig, da die Anforderungen des spezifischen Arbeitsmarktes beachtet werden müssen (vgl. Li 2013, S. 77). Das heißt, dass sich die Kategorien hier konkret am indischen Arbeitsmarkt und dessen kulturellen und gesellschaftlichen Kontext orientieren sollten. Aus diesem Grund sollten die Anforderungen idealerweise von dortigen Arbeitgeber- und/oder Arbeitnehmervertretern und -vertreterinnen, von offizieller Seite oder von der internationalen Arbeitsorganisation der Vereinten Nationen (*International Labour Organisation,* ILO) formuliert werden.

Für den chinesischen Kontext etwa konnte ein umfangreiches System mit 14 Kategorien für die Situationsdimension aus einer Publikation der ILO generiert werden (vgl. Li 2013, S. 76 ff.; Li & Pilz 2011, S. 143). Für Indien existiert bisher keine derartige Veröffentlichung[14].

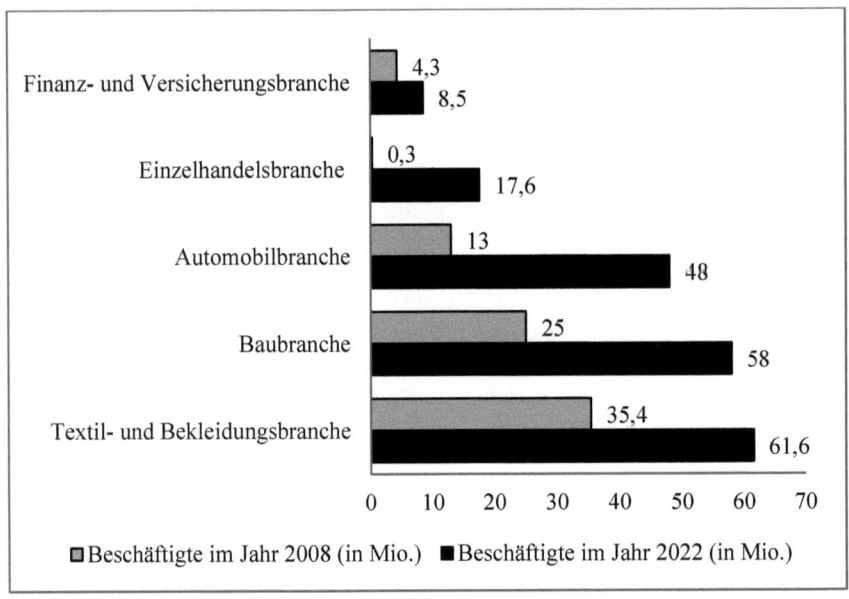

Abbildung 4: Arbeitskräftebedarf bis 2022. Quelle: nach FICCI 2010, S. 13

---

14 In die gründliche Recherche wurden u. a. das Publikationsverzeichnis der *Federation of Indian Chambers of Commerce and Industry* sowie die Datenbanken der Weltbank und der ILO einbezogen.

3.5 Definition des Kategoriensystems

Es wird davon ausgegangen, dass in Indien jährlich bis zu 12 Millionen Menschen auf den Arbeitsmarkt treten. Um die Menschen und auch die Wirtschaft selbst darauf vorzubereiten, gibt es eine Vielzahl von öffentlichen und privaten Initiativen. Dazu gehört neben der Formulierung der *National Skill Development Policy* seitens der Regierung auch die auf dieser Basis als Public Privat Partnership gegründete *National Skill Development Corporation* (NSDC) (vgl. FICCI 2010, S. 4 f.). Eine Aufgabe der NSDC liegt darin den zukünftigen Bedarf an Arbeitskräften und deren Fähigkeiten sowie Fertigkeiten für einzelne Wirtschaftszweige zu ermitteln (vgl. z. B. NSDC o. J. a).

Es werden 20 Wirtschaftszweige als besonders bedeutsam für das zukünftige Wirtschaftswachstum Indiens und somit für die Schaffung neuer Arbeitsplätze erachtet (vgl. FICCI 2010, S. 12 f.). Zu allen liegen bereits Berichte der NSDC vor. Aus diesen werden an dieser Stelle die Kategorien für die Situationsdimension generiert. Auf Grund der enormen Fülle können dabei nicht alle Berichte in die Betrachtung mit einbezogen werden. Berücksichtigt wird daher eine Auswahl der Branchen, in denen aktuell viele Arbeitnehmer und Arbeitnehmerinnen beschäftigt sind und/oder für die ein starker Zuwachs an Arbeitsplätzen prognostiziert wird (siehe Abbildung 4). Zudem gilt, dass diese Wachstumsbranchen auf Grund ihres Anforderungsprofils mindestens einen Abschluss der Sekundarschule benötigen (vgl. World Bank 2009, S. 3). Auf Basis dieser Auswahlkriterien werden die Berichte zur Textil- und Bekleidungsbranche (vgl. NSDC o. J. e), zur Bau- (vgl. NSDC o. J. c), zur Automobil- (vgl. NSDC o. J. a), zur Einzelhandels- (vgl. NSDC o. J. d) sowie zur Finanz- und Versicherungsbranche ausgewählt (vgl. NSDC o. J. b).

Bestandteil eines jeden Berichts ist ein Kompetenzkatalog (*Skill requirements and skill gaps*), in dem benötigte und bisher lückenhafte Fähigkeiten und Fertigkeiten aufgelistet werden. Das Gros der Auflistung bilden zum einen Kompetenzen, die sich mit der Definition der Schlüsselkompetenzen decken. So werden häufig die Kategorien p1 (*The ability to use language, symbols and text interactively*) oder p5 (*The ability to cooperate*) genannt (vgl. z. B. NSDC o. J. b, S. 22 ff., 30 f., 33 ff., o. J. d, S. 23, 25 ff.). Diese werden zwar im Kontext des Arbeitsmarkts formuliert, sind aber über die Lebenssituation hinaus von Bedeutung und somit an dieser Stelle nicht relevant. Zum anderen sind es sehr branchenspezifische Anforderungen, die von der NSDC aufgestellt werden. Auch diese werden hier für die Bestimmung der Kategorien nicht verwendet, da sich beispielshalber die Kenntnisse „Need to have basic knowledge of construction engineering" (NSDC o. J. c, S. 27) und „Ability to describe merchandise and explain use, operation, and care of merchandise to customers" (NSDC o. J. d, S. 25) ausschließlich auf die Bau- bzw. Einzelhandelsbranche beziehen. Die Kategorien sollten die Anforderungen eines Arbeitsmarkts (vgl. Li 2013, S. 77) und nicht einer einzelnen Branche darstellen. Daher werden die Berichte auf verallgemeinerbare Anforderungen gesichtet. Wie bereits erwähnt, unterstreichen die Berichte Schlüsselqualifikationen und überaus branchenspezifische Fähigkeiten und Fertigkeiten. Dennoch können einige allgemeine Anforderungen ermittelt und zum Kategoriensystem der Situationsdimension zusammengeführt werden (siehe Tabelle 7). Dazu werden die Kategorien induktiv aus den gewählten Berichten generiert (für eine ausführliche Darstellung des Vorgehens siehe Anhang, S. 69 ff.).

Compliance with rules and regulations	s1
Accomplishing the task on time	s2
Operate strictly according to the procedures	s3
Obey instructions	s4
Presentable and pleasing personality/ appearance	s5
Stamina	s6
Sense of duty	s7

Tabelle 7: Kategorien für die Situationsdimension. Quelle: eigene Zusammenstellung in Anlehnung an Li 2013, S. 7

4 Darstellung und Diskussion der Ergebnisse

Im Folgenden werden die Analyseergebnisse zunächst für jeden Untersuchungsgegenstand zusammenfassend dargestellt und diskutiert. Im Anschluss folgt dann eine vergleichende Auswertung.

4.1 NCERT – National Curriculum Framework 2005

In den nationalen Richtlinien des NCERT konnten zu gleichen Anteilen Items in der Situations- und Wissenschaftsdimension codiert werden. In der Letzteren wurden ausschließlich Items aus dem Bereich Technik codiert. Mit 80% macht die Persönlichkeitsdimension das Gros der insgesamt 41 impliziten und expliziten Nennungen aus (siehe Tabelle 8 u. Abbildung 5).

Wissenschaftsdimension	Situationsdimension	Persönlichkeitsdimension	Summe
4	4	33	41

Tabelle 8: Ergebnisse NCF 2005

Die nationalen Richtlinien orientieren sich folglich deutlich am Persönlichkeitsprinzip nach Reetz. Die Schlussfolgerung liegt nahe, dass dies damit zusammenhängt, dass das NCF 2005 kein Curriculum im Sinne der beiden anderen Untersuchungsgegenstände darstellt. Ein *Curriculum Framework* wird von offizieller Seite folgendermaßen definiert:

> It is a plan that interprets educational aims, vis-á-vis both individual and society, to arrive at an understanding of the kinds of learning experiences schools must provide to children. [...] This plan should include the foundational assumptions and basis of choice for experience (NCERT 2006a, S. 18; Auslassung d. Verf.).

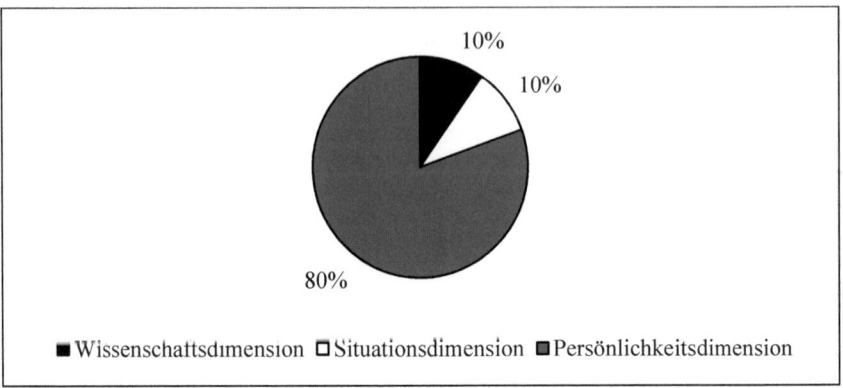

Abbildung 5: Auswertung NCF 2005

Im NCF 2005 sind neben grundlegenden bildungstheoretischen sowie politischen Überlegungen vornehmlich allgemeine Bildungsziele formuliert, die sich nicht nur auf einen Bereich oder ein Fach beziehen. Die Ausführungen in Bezug auf die einzelnen Fächer sind losgelöst von fachwissenschaftlichen Inhalten und gehen – wenn auch in wenigen Abschnitten – auf die Lernziele und die Curriculumplanung ein. Dies erklärt weshalb nur vier Items für die Wissenschaftsdimension codiert werden konnten (t4, t8, t14, t18). Der allgemeine Charakter des Dokuments und die daraus resultierende Dominanz des Persönlichkeitsprinzips lassen auch Schlüsse bezüglich des Situationsprinzips zu. Der Hauptunterschied beider Prinzipien liegt darin, dass die Inhalte und Ziele, die nach den Kategorien der Persönlichkeitsdimension codiert werden, situations- bzw. bereichsübergreifend sind, während die Situationsdimension hier ausschließlich die Anforderungen des Arbeitsmarktes betont (vgl. Kapitel 3.5.3 u. 3.5.4). Diese wurden ebenfalls nur viermal codiert (s, s7) und spielen keine große Rolle. Dies kann als folgerichtige Konsequenz der Definition allgemeiner Richtlinien interpretiert werden. Diese Ausführungen bedeuten keineswegs, dass das NCF 2005 überhaupt nicht situationsorientiert ist. Das angewandte Situationsprinzip richtet sich nicht nach zukünftigen Situationen, sondern vielmehr nach den regionalen Gegebenheiten und gegenwärtigen Lebenssituationen der Lernenden (vgl. z. B. NCERT 2005, S. 30, 33 ff.).

Die mittels der DeSeCo-Schlüsselkompetenzen definierte Persönlichkeitsdimension betont die individuelle Entwicklung der Schüler und Schülerinnen in Abhängigkeit zur Gesellschaft. Die Bestimmung von Schlüsselkompetenzen hilft bei der Einordnung, „wie gut Jugendliche und Erwachsene auf die Herausforde-

4.1 NCERT – National Curriculum Framework 2005

rungen des Lebens vorbereitet sind, sowie [...] [bei der] Festlegung übergeordneter Zielsetzungen für die Bildungssysteme und das lebenslange Lernen" (DeSeCo 2005, S. 6; Auslassung u. Einfügung d. Verf.). Das NCF 2005, das derartige übergeordnete Bildungsziele formuliert, stellt daher auch deutlich die Persönlichkeitsdimension und damit die Vermittlung bzw. Entwicklung von Schlüsselkompetenzen in den Vordergrund. Dort heißt es: „What aims are worth pursuing in education? The answer is a vision of the capabilities and values that every individual must have and a socio-political and cultural vision for society" (NCERT 2005, S. 24). Diese Zukunftsprojektion wird auch durch die codierten Items widergespiegelt. Es wurden alle neun Kategorien der Persönlichkeitsdimension codiert. Die zwei häufigsten Codierungen sollen an dieser Stelle genauer thematisiert werden. Darüber hinaus findet sich eine ausführliche Abbildung der einzelnen Codierungen im Anhang (siehe S. 101). Mit elf Nennungen wurde die Kategorie p4 (*The ability to relate well to others*) am häufigsten codiert. Darauf folgt p2 (*The ability to use knowledge and information interactively*) mit sieben Codierungen.

Ein Viertel aller Codierungen kann der Kategorie p4 zugeordnet werden. Damit wird im NCF 2005 akzentuiert, dass Schule besonders die Fähigkeit vermitteln soll mit anderen Menschen gut auszukommen. Auch weil intakte soziale Gefüge nicht nur für die gesellschaftliche Solidarität, sondern auch für den ökonomischen Erfolg von Bedeutung sind (vgl. DeSeCo 2005, S. 14). Die Kompetenz schließt bezogen auf den schulischen Kontext mit ein, dass Kinder und Jugendliche ein Bewusstsein dafür entwickeln „die Werte und den religiösen, kulturellen und geschichtlichen Hintergrund anderer Menschen zu respektieren und zu achten" (ebd.). Es steht außer Frage, dass dies eine Kompetenz ist, die in allen Erdteilen von Bedeutung ist. In einem Land jedoch, das wie kaum ein anderes durch religiöse, kulturelle und sprachliche Heterogenität geprägt ist, kann dieser Schlüsselkompetenz eine besondere Wichtigkeit attestiert werden. Der Subkontinent hat gegenwärtig mehr als 1,2 Milliarden Einwohner darunter 80,5% Hindus, 13,4% Muslime, 2,3% Christen, 1,9% Sikhs und 1,8% Angehörige anderer Glaubensrichtungen (vgl. GoI 2011a). Zur Veranschaulichung: In absoluten Zahlen ausgedrückt sind 2,3% der indischen Bevölkerung 27 600 000 Menschen mit christlichem Glauben. Indem das NCF 2005 der Fähigkeit funktionierende soziale Beziehungen aufbauen zu können und damit verbunden der Interaktion in multikulturellen Gesellschaften einen besonderen Stellenwert einräumt, versucht es den gesellschaftlichen Gegebenheiten gerecht zu werden und den Schülern und Schülerinnen die Wertschätzung dieser zu vermitteln. Eine gekürzte Beispielcodierung, die dies prägnant herausstellt, lautet:

> [...] the curriculum should enable the younger generation to reinterpret and re-evaluate the past with reference to new priorities and emerging outlooks [...]. Understanding human evolution

should make it clear that the existence of distinctness in our country [...] allowed it to flourish. The cultural diversity of this land should continue to be treasured as our special attribute (NCERT 2005, S. 7; Auslassungen d. Verf.).

Über weite Strecken des Dokuments wird thematisiert, wie lernen funktioniert und welche Inhalte sowie Lernziele in der Schule vermittelt werden sollen. Auch daher kommt es zu den häufigen Nennungen der Kategorie p2. Die OECD führt zu dieser Schlüsselkompetenz aus, dass der Bedeutungsgewinn des Dienstleistungs- und des Informationssektors die Wichtigkeit dieser Kompetenz begründet (vgl. DeSeCo 2005, S. 13). Dieser wirtschaftliche Wandel vollzieht sich auch in Indien. Die indische Wirtschaft war lange durch den Agrarsektor geprägt. Bereits seit längerem ist zu beobachten, dass die Dienstleistungs- und Informationssektoren den Agrarsektor in seiner Bedeutung für die indische Wirtschaft ablösen werden (vgl. Majumdar 2008, S. 2 ff.). „Der Dienstleistungssektor als Zugpferd" (Bergé 2009, S. 117) der wirtschaftlichen Prosperität Indiens macht heute mehr als die Hälfte des BIP aus. Dadurch ist der Agrarsektor in seiner wirtschaftlichen Bedeutung, ausgedrückt als Anteil des BIP, stark zurückgewichen (vgl. ebd., S. 118). „The future economy of India is expected to become the knowledge intensive service economy" (Gasskov et al. 2003, S. 3). Es wird erwartet, dass allein im Dienstleistungssektor bis zum Jahr 2020 120 Millionen neue Arbeitsplätze geschaffen werden (vgl. ebd.). Die interaktive Nutzung von Wissen und Informationen ist eine der Herausforderungen, die durch den Wandel hin zu einer wissensintensiven Dienstleistungs- und Informationswirtschaft entstehen (vgl. DeSeCo 2005, S. 13). Eben dies wird, wie die Analyse zeigt, im NCF 2005 besonders betont.

4.2 CBSE – Secondary School Curriculum 2013

Insgesamt wurden 125 Items codiert, darunter fallen neben 24 Nennungen in der Persönlichkeitsdimension und sieben in der Situationsdimension 44 in die Volkswirtschaftslehre, 23 in die Betriebswirtschaftslehre und 27 in den Inhaltsbereich Technologie (siehe Tabelle 9).

Im *Secondary School Curriculum 2013* finden sich demnach alle drei Prinzipien nach Reetz wieder. Während das Wissenschaftsprinzip mit drei Viertel aller Nennungen deutlich dominiert und das Persönlichkeitsprinzip mit rund 20% auch noch eine gewichtige Rolle spielt, tritt die Situationsdimension klar in den Hintergrund (siehe Abbildung 6). Die nachstehende Abbildung zeigt neben der relativen Verteilung in Bezug auf das gesamte Curriculum auch die absolute Häufigkeit der Dimensionen bzw. Prinzipien in den einzelnen Fächern. In *Social*

4.2 CBSE – Secondary School Curriculum 2013

Science konnten insgesamt 88, in *Commerce* 8 und in *Work Education* 29 Items codiert werden.

Wissenschaftsdimension	Situationsdimension	Persönlichkeitsdimension	Summe
94	7	24	125

Tabelle 9: Ergebnisse Secondary School Curriculum 2013

Auf der vom CBSE empfohlenen Stundentafel nehmen die Pflichtfächer *Social Science* und *Work Education* einen bedeutenden Teil der Unterrichtszeit ein. *Commerce* hingegen ist ein zusätzliches Wahlfach, das die Lernenden aus einem Pool von bis zu 33 weiteren Fächern wählen können. Wobei die Anzahl der Fächer, insbesondere die Auswahl an Sprachen und die Gestaltung der Stundentafel von den regionalen und institutionellen Gegebenheiten abhängen. Ein zusätzliches Wahlfach hat keinen verpflichtenden Charakter (vgl. CBSE 2011, S. 15 f.), wie es beispielsweise ein Wahlpflichtfach an deutschen Schulen hat. Es wird deutlich, dass die Bedeutung des Fachs *Commerce* für die Interpretation der gewonnenen Daten relativiert werden muss. Zudem ist die Anzahl der codierten Items in diesem Fach auch im Vergleich zu den anderen gering.

Besonders häufig codiert wurden – in absteigender Reihenfolge mit mehr als fünf Nennungen (siehe detaillierte Abbildung im Anhang, S. 101): Jeweils 14-mal e7 (*Governments policies and its influences*) sowie t10 (*Food and agriculture*), 12-mal b8 (*Production and operation*), neunmal e4 (*Trade and globalization*), siebenmal p9 (*The ability to assert rights, interests, limits and needs*) und jeweils sechsmal p4 (*The ability to relate well to others*), e12 (*Labour market*) und t8 (*Environment*).

Analog zum obigen Vorgehen werden auch hier ausgewählte Codierungen exemplarisch näher beleuchtet. Das Curriculum folgt, wie bereits deutlich wurde, bei der Auswahl der Inhalte und Ziele deutlich dem Wissenschaftsprinzip. Innerhalb des Wissenschaftsprinzips dominiert das Inhaltsfeld VWL, was die Folge dessen ist, dass es eines der Teilfächer im Verbund *Social Science* ist und dieser wiederum das Gros der Codierungen ausmacht. Lediglich drei Kategorien aus dem Bereich der VWL wurden nicht codiert. In der Folge heißt das, dass die meisten Inhalte der akademischen Lehrbücher, wenn auch in reduzierter Form, ihre Erwähnung im Curriculum des CBSE finden.

Die Lernenden sollen in der Sekundarschule zum einen (bisherige) politische Maßnahmen benennen und zum anderen eine (kritische) Wertschätzung diesen gegenüber entwickeln. Das gilt insbesondere für wirtschafts- und sozialpolitische Maßnahmen zur Bekämpfung von Hunger und Armut (vgl. z. B. CBSE 2011, S. 137, 141 ff.). Armut und Hunger sind trotz ihres Rückgangs in den vergangenen Jahrzehnten und des Wirtschaftsbooms weiterhin zwei der großen Herausforderungen Indiens (vgl. z. B. Bergé 2009; Blume 2012). „Poverty as challenge facing India" (CBSE 2011, S. 137) ist daher auch ein Themenfeld im Curriculum, welches zum Ziel hat die Lernenden für diese Herausforderung zu sensibilisieren (vgl. ebd.).

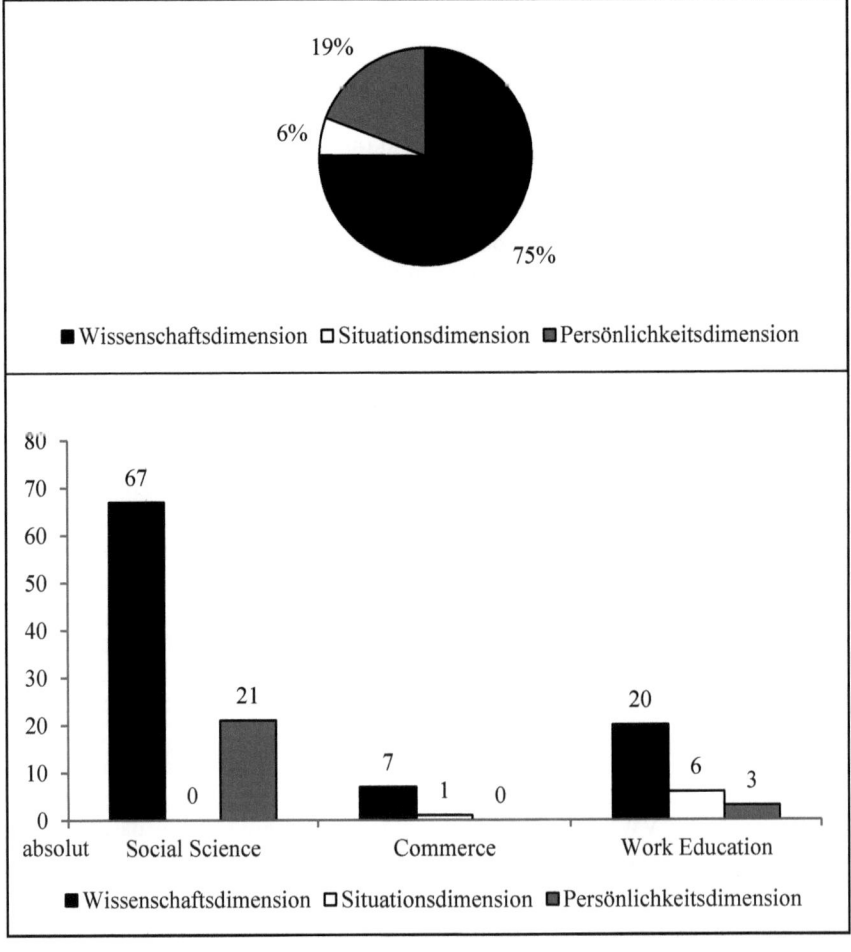

Abbildung 6: Auswertung Secondary School Curriculum 2013

4.2 CBSE – Secondary School Curriculum 2013

Food and agriculture ist die Kategorie, die ebenfalls häufig codiert wurde. Darunter fallen insbesondere Aspekte, die die Agrarwirtschaft betreffen. Wie oben dargestellt, ist die gesamtwirtschaftliche Bedeutung dieses Sektors, ausgedrückt im BIP, stark rückläufig. Zudem entstehen die meisten Arbeitsplätze in anderen Sektoren. Dennoch ist anzunehmen, dass Fertigkeiten und das Wissen um Prozesse und Einflussfaktoren, die die Agrarwirtschaft anbelangen, in einer Gesellschaft, in der 70% der Bevölkerung im ländlichen Raum leben (vgl. Majumdar 2008, S. 2), von Bedeutung sind. Sechs dieser codierten Items sind in *Work Education* und acht in *Social Science* verortet. Insbesondere im erst genannten Fach geht es um die praktische Anwendung von Arbeitsprozessen und Technologien. So soll hier im Idealfall die Hälfte des Unterrichts an Lernorten außerhalb der Schule und Unterrichtszeit stattfinden. Mit Bezug auf die Situationsdimension soll dadurch die Fähigkeit sich an Arbeitsabläufe zu halten (s3) gefördert und die Ausbildung von Verhaltensweisen wie Zuverlässigkeit und Disziplin (s7) begünstigt werden (vgl. CBSE 2011, S. 219 ff.). Das Situationsprinzip spielt nur eine sehr randständige Rolle bei der Inhalts- und Zielauswahl im gesamten Dokument. Die codierten Nennungen sind fast ausschließlich im arbeits- und produktionsorientierten Fach *Work Education* verortet.

Anders verhält es sich bei den Schlüsselkompetenzen der Persönlichkeitsdimension, deren Vermittlung fast ausschließlich im sozialwissenschaftlichen Fach verankert ist. Hier liegt der Fokus neben der Kategorie p4, deren Begründung und Bedeutung im Kapitel zuvor ausführlich thematisiert wurde, auf p7 und p9. Diese zielen darauf ab, dass der Lernende selbstbestimmtes Handeln im wirtschaftlichen und gesellschaftlichen Umfeld und die Folgen seines Handelns abzuschätzen lernt (vgl. DeSeCo 2005, S. 16). In diesem Zusammenhang tritt auch erneut der bereichsübergreifende Charakter der Schlüsselkompetenzen in den Vordergrund. Er ist durch die Interdisziplinarität des Fachs begründet, welches die Schüler und Schülerinnen befähigen soll im größeren Kontext zu handeln und zu denken (p7) sowie ihre Rechte und Pflichten als Bürger nicht nur zu kennen, sondern auch wahrzunehmen (p9) (vgl. CBSE 2011, S. 130). Für den sozialwissenschaftlichen Unterricht kann folgendes geschlossen werden: Durch die Förderung dieser Kompetenzen, die eigenständiges Handeln betonen, soll bezogen auf die Arbeitswelt gefördert werden, dass die Schüler und Schülerinnen in Zukunft aktiv Einfluss auf die Arbeitsbedingungen nehmen und lernen sich an ihrem Arbeitsplatz zu integrieren (vgl. DeSeCo 2005, S. 16).

4.3 CISCE – Syllabus for ICSE 2013

Wie weiter oben beschrieben, schließt die Belegung gewisser Wahlfächer den Besuch anderer Fächer im Wahlbereich II des *Syllabus for ICSE* 2013 wiederum aus (vgl. Kapitel 3.2). So können beispielsweise *Economics* und *Economic Applications* nicht parallel belegt werden. Daher wird neben Letzterem auch *Commercial Applications* nicht in die Darstellung und Diskussion der Analyseergebnisse an dieser Stelle miteinbezogen. Die Unterschiede, die dadurch in der relativen Verteilung der Codierungen für das gesamte Curriculum entstehen, sind minimal und können daher vernachlässigt werden. Dies dient ferner auch der besseren Übersichtlichkeit. Dem Anhang können die Analyseergebnisse, einschließlich denen des Wahlbereichs II, entnommen werden (siehe S. 102 ff).

Wissenschaftsdimension	Situationsdimension	Persönlichkeitsdimension	Summe
111	12	16	139

Tabelle 10: Ergebnisse Syllabus for ICSE 2013

In der Summe wurden 139 Nennungen ermittelt, dabei wurden 60 in Volkswirtschaftslehre, 31 in Technologie, 20 in Betriebswirtschaftslehre sowie 16 in der Persönlichkeits- und 12 in der Situationsdimension codiert (siehe Tabelle 10). Im vom CISCE herausgegebenen Curriculum orientiert sich die Inhalts- und Zielauswahl mit Blick auf die vorberufliche Bildung zu 80% und damit offenkundig am Wissenschaftsprinzip. Das Persönlichkeits- und das Situationsprinzip spielen eine in nahezu gleichem Maß untergeordnete Rolle. Mit Blick auf die einzelnen Fächer variiert die Anzahl der codierten Items stark. So wurden 65 Items in *Economics*, 37 in *Commercial Studies*, 19 in SUPW und 18 in HCG codiert (siehe Abbildung 7). An dieser Stelle soll auch erwähnt sein, dass die meisten Items im kürzesten und im Kontrast dazu die wenigsten im längsten Teildokument codiert wurden.

Die meisten codierten Items beziehen sich auf die fachwissenschaftlichen Kategorien t8 (*Environment*) mit 15, e7 (*Governments policies and its influences*) mit 14, e11 (*Indicators of economy*) mit 12 sowie auf e6 (*The monetary system*), b2 (*Production and operating*) und t10 (*Food and agriculture*) mit jeweils sieben Codierungen. In der Persönlichkeitsdimension ist die Kategorie p1 (*The ability to use language, symbols and text interactively*), die am häufigsten

4.3 CISCE – Syllabus for ICSE 2013

genannte. Für t10 und e7 kann auch hier der interpretatorischen Argumentation vom vorherigen Unterkapitel gefolgt werden.

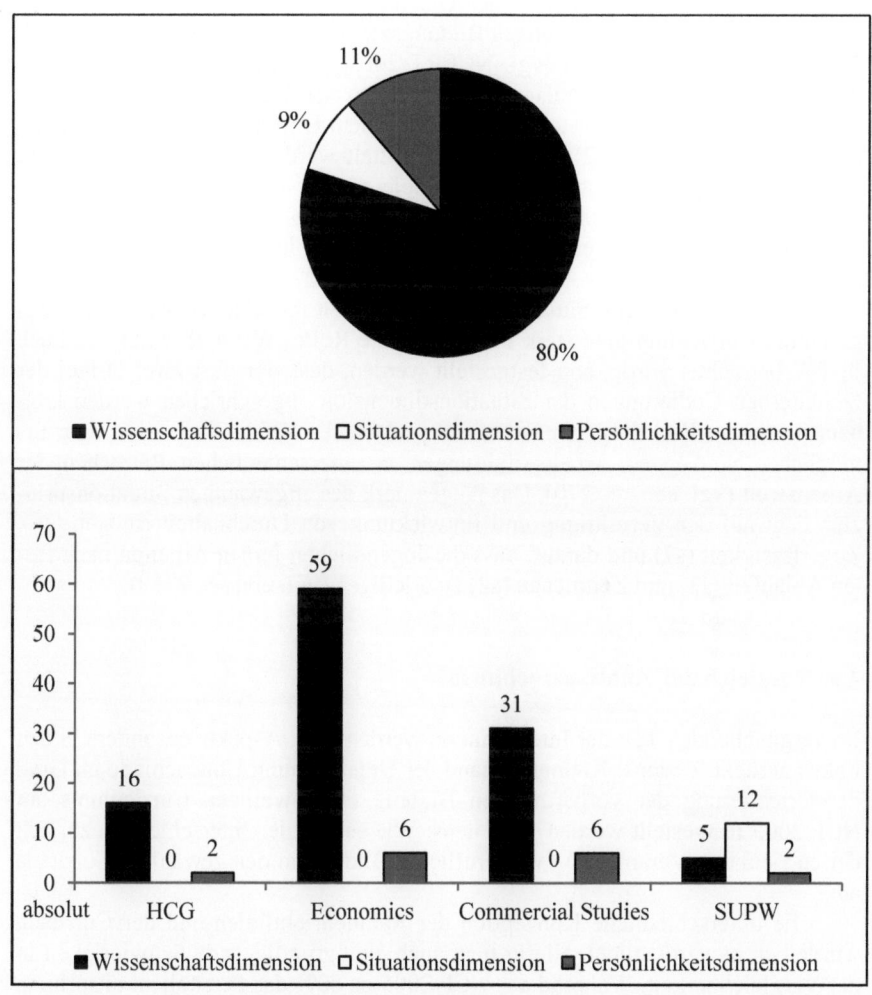

Abbildung 7: Auswertung Syllabus for ICSE 2013

Die Codierungen der Kategorie t8 thematisieren implizit oder explizit Gründe für und Folgen von Umweltverschmutzung sowie Möglichkeiten diese einzudämmen. In dieser Betonung folgt das Curriculum den nationalen Richtlinien des NCERT, das die Wertschätzung der Umwelt sowie die Notwendigkeit sie zu schützen bereits 1986 als wichtiges Bildungsziel ausgab und dies später im NCF 2005 nochmals unterstreicht (vgl. NCERT 2005, S. 6). So sollen den Schülern und Schülerinnen der Sekundarschule beispielsweise im Fach *Commercial Studies*, das besonders die Einstellung gegenüber dem Unternehmertum fördern soll (vgl. CISCE 2012, S. 122), folgendes vermittelt werden: „Use of efficient and eco-friendly technology and the sustainable use of resources. *Eco efficiency would mean [...] reduction in energy used, reducing pollution [...] and ensuring that goods are durable*" (ebd., S. 126; Hervorhebung im Original; Auslassungen d. Verf.).

Die hier entwickelte Situationsdimension spielt im relativen Verhältnis zum gesamten Curriculum eine stark untergeordnete Rolle. Wenn aber nur das Fach SUPW betrachtet wird, kann festgestellt werden, dass dort fast zwei Drittel der fachinternen Codierungen der Situationsdimension zugeschrieben werden können. In diesem Fach liegt der Fokus auf praktischen Erfahrungen bzw. dem Ermöglichen von ersten Arbeitserfahrungen in unterschiedlichen Bereichen der Arbeitswelt (vgl. ebd., S. 270). Das Augenmerk des angewandten Situationsprinzips liegt auf der Vermittlung und Entwicklung von Durchhaltevermögen (s6), Zuverlässigkeit (s7) und darauf, dass die Jugendlichen lernen Arbeiten nach festen Abläufen (s3) und Zeitplänen (s2) zu erledigen (vgl. ebd., S. 271 ff.).

4.4 Vergleich der Analyseergebnisse

Im vergleichenden Teil der Interpretation werden zwei Aspekte besonders in den Fokus gerückt. Erstens: Können anhand der Untersuchung Unterschiede im Grad der Orientierung der vorberuflichen Bildung des jeweiligen Curriculums am NCF 2005 festgestellt werden? Zweitens: Wie sehen die Unterschiede bezüglich der curricularen Verankerung vorberuflicher Bildung in den gewählten Curricula aus?

Die unterschiedliche Konzeption der Rahmenrichtlinien und der Curricula wurde bereits verdeutlicht. Hierin liegt auch eine grundlegende Schwierigkeit in der Vergleichbarkeit. Während das NCF 2005 zu 80% das Persönlichkeitsprinzip betont, steht in beiden Curricula zu 75 bzw. 80% die Wissenschaftsdimension im Vordergrund. Dies hängt mit der Ausrichtung der Dokumente zusammen. In den Curricula werden mehr inhaltliche (fachwissenschaftliche) Ziele und in den Richtlinien vornehmlich fächerübergreifende Kompetenzen formuliert. Der Ver-

4.4 Vergleich der Analyseergebnisse

gleich der Items innerhalb der einzelnen Dimensionen kann dennoch dazu dienen Schlussfolgerungen über die Orientierung der vorberuflichen Bildung an den nationalen Richtlinien zu ziehen. Die Wissenschaftsdimension soll auf Grund ihrer untergeordneten Rolle im NCF 2005 an dieser Stelle ausgeklammert bleiben. Der Vergleich der Wissenschaftsdimension bietet sich eher für die Gegenüberstellung der beiden Curricula an. Die Situationsdimension spielt in allen untersuchten Dokumenten eine marginale Rolle. Wegen der klaren Dominanz der Persönlichkeitsdimension im NCF 2005 wird für den Vergleich daran angesetzt.

Die Persönlichkeitsdimension ist mit 24 Nennungen und einem relativen Anteil von 19% im CBSE Curriculum etwas gewichtiger, als im Curriculum des CISCE mit 16 codierten Items, die 11% aller Nennungen ausmachen. Abbildung 8 zeigt die Ausprägung der einzelnen Kategorien der Persönlichkeitsdimension in allen drei Untersuchungsgegenständen. Das NCF 2005 legt viel Wert auf die Vermittlung der Fähigkeit mit anderen Menschen in heterogenen Gesellschaften zu interagieren (p4) (vgl. Kapitel 4.1). Diese Schlüsselkompetenz findet im Curriculum des CISCE keine Erwähnung, während das CBSE diese mit sechs Codierungen ebenfalls betont. In den Kategorien p5, p6 und p7 ist die codierte Anzahl sogar deckungsgleich. Die Auswertung der Analyse des Curriculums des CISCE zeigt, dass sich die vorberufliche Bildung weniger an den nationalen Rahmenrichtlinien orientiert als es das CBSE tut. Es gibt nur eine 100-prozentige Übereinstimmung in p3, diese wurde aber jeweils nur einmal codiert.

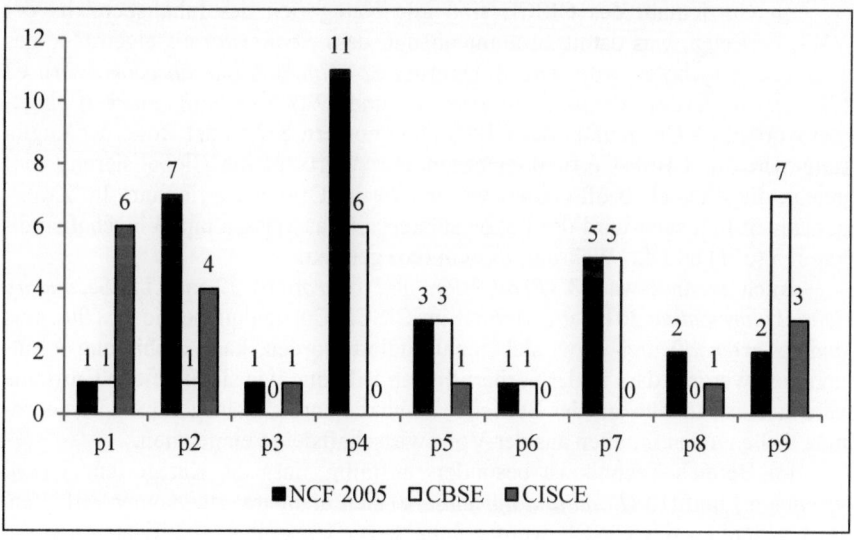

Abbildung 8: Ausprägung der Persönlichkeitsdimension (absolut)

Auch die Benennung der Fächer unterstreicht diese Folgerung. Das NCERT formuliert etwa Leitlinien für *Social Science*, die so einschließlich der Fächerbezeichnung und Einzeldisziplinen Politik, Geographie, Geschichte und Wirtschaft vom CBSE übernommen werden. Auch daraus resultiert die große Übereinstimmung der Codierungen in der Persönlichkeitsdimension, da fast 90% der dort codierten Items im Fach *Social Science* verortet sind. Das CISCE hingegen bietet den Fächerverbund HCG an und schließt *Economics* von den Pflichtfächern aus, was ebenfalls verdeutlicht, dass die Verankerung der vorberuflichen Bildung im Curriculum des CISCE stärker vom NCF 2005 abweicht.

Sowohl das Curriculum des CBSE als auch das des CISCE richten die Inhalts- und Zielauswahl in einem hohen Maße nach der in Anlehnung an Reetz entwickelten Wissenschaftsdimension. Der Hauptunterschied liegt in der relativen Bedeutung der Persönlichkeitsdimension, die im *Secondary School Curriculum* 2013 durch die stärkere Orientierung am NCF 2005 betont wird. Die weitere Ausdifferenzierung der Auswertung der Wissenschaftsdimension unterstreicht den gemeinsamen Charakter der Wissenschaftsorientierung und lässt zudem die Unterschiede bezüglich der codierten Items deutlich werden (siehe Abbildung 9).

Beide Curricula betonen gleichermaßen die Rolle der Regierung in der indischen Volkswirtschaft (e7). Selbiges gilt, wenn auch mit weniger codierten Items, für e1 (*Basic principles of economics*), e8 (*Market forms*), t3 (*Communications*) und t6 (*Electronics and electrical engineering*).

Im Curriculum des CISCE sind alle Kategorien des Inhaltsbereichs der VWL vertreten, was damit zusammenhängt, dass *Economics* als eigenständiges Wahlfach angeboten wird. Die Kategorien e2 (*Thinking like an economist*), e3 (*The market forces of supply and demand*) und e9 (*Firms in the market*) hingegen wurden im Curriculum des CBSE nicht codiert. Neben der Rolle der Regierung wird im CBSE-Curriculum besonderer Wert auf die Globalisierung (e4) gelegt, die dreimal so oft codiert wurde, wie im CISCE-Curriculum. Im Zweitgenannten hingegen wird der Fokus stärker auf das Wissen um Wirtschaftsindikatoren (e11) und das Währungssystem (e6) gerückt.

Auch wenn etwa b8 (*Production and operation*) 12-mal im *Secondary School Curriculum* 2013 und viermal im CISCE-Curriculum sowie b2 (*Business and its external*) drei- bzw. siebenmal codiert wurden, kann Abbildung 9 entnommen werden, dass in der vorberuflichen Bildung, wie sie in beiden Curricula verankert ist, Inhalte aus der Betriebswirtschaftslehre eine insgesamt untergeordnete Rolle zu den Inhalten aus der Volkswirtschaftslehre einnehmen.

Im Bereich Technik ist besonders auffällig, dass die Kategorien t8 (*Environment*) und t10 (*Food and agriculture*) sich diametral zueinander verhalten. Im Curriculum des CISCE wurden Inhalte zur Umwelt am häufigsten codiert. Bei dem des CBSE wurde dieses Item ebenfalls sechsmal, jedoch im direkten

4.4 Vergleich der Analyseergebnisse

Vergleich, weniger häufig codiert. Nahezu selbiges gilt umgekehrt für t10. Dennoch gehören beide zu den am häufigsten codierten Items in beiden Curricula.

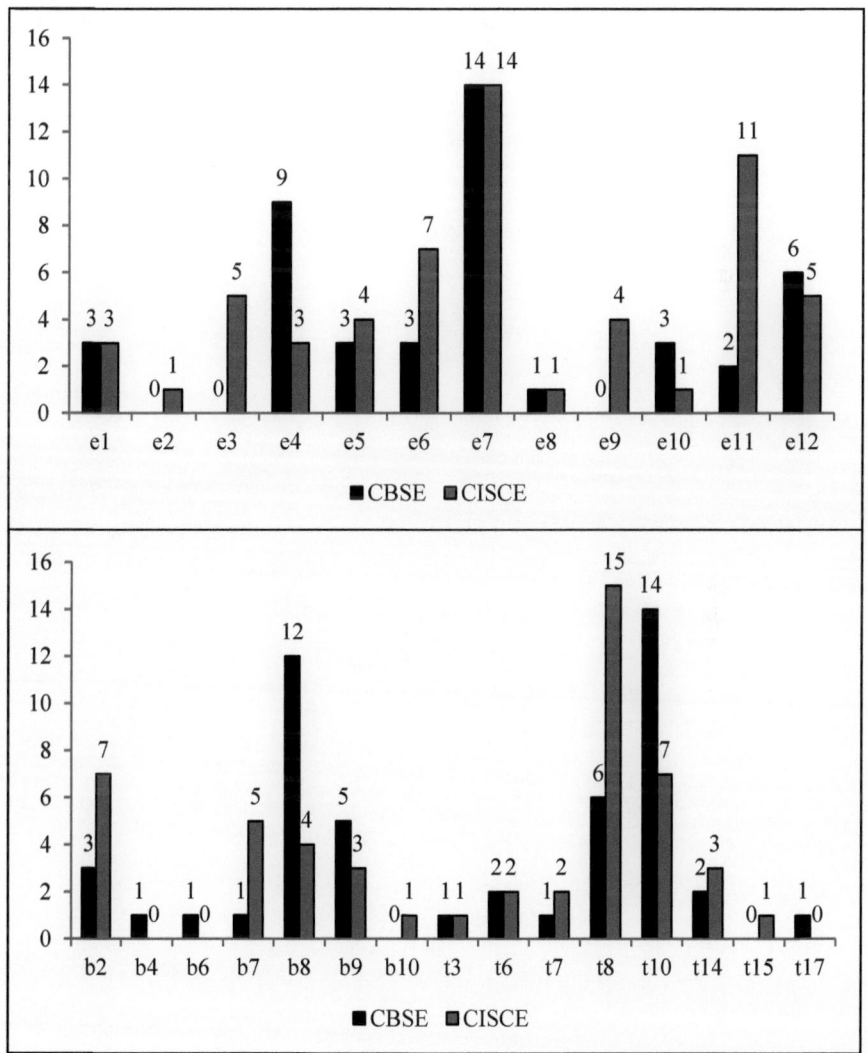

Abbildung 9: Ausprägungen der Wissenschaftsdimension (absolut)

Die Analyse zeigt, dass beide Curricula in einem unterschiedlichen Maße der vorberuflichen Bildung, wie sie im NCF 2005 verankert ist, folgen. Darüber hinaus wird deutlich, dass in beiden Curricula das Wissenschaftsprinzip nach Reetz und demnach die Vermittlung von fachwissenschaftlichen Inhalten deutlich dominiert, die inhaltliche Ausgestaltung mit Blick auf die einzelnen Items aber variiert.

5 Ausblick

Die vorliegende Analyse zeigt, dass die curriculare Ausgestaltung vorberuflicher Bildung in Indien stark wissensbasiert ist und insbesondere die zukünftige Lebenssituation der Arbeitswelt nur eine sehr randständige Rolle bei der Inhalts- und Zielauswahl spielt. Dies ist der Fall, obwohl die Bedeutung der Sekundarschule als eine der zentralen (Aus-)Bildungseinrichtungen zukünftiger Arbeitskräfte mit Blick sowohl auf die steigende Arbeitskräftenachfrage als auch auf das Angebot nicht nur erkannt, sondern in den vergangenen Jahren auch stets betont wurde (vgl. Kapitel 1). Sofern überhaupt von einer gehäuften Codierung von Items der Situationsdimension gesprochen werden kann, ist diese in den Fächern SUPW und *Work Education* gegeben. Beide Schulfächer sind allerdings von den zentral organisierten und durchgeführten Abschlussprüfungen ausgenommen und werden ausschließlich schulintern bewertet (vgl. CBSE 2011, S. 219; CISCE 2012, S. 271). Daher ist anzunehmen, dass sie in ihrer (gesamtgesellschaftlichen) Wahrnehmung und folglich in ihrer Bedeutung – insbesondere auch aus Perspektive der Lernenden – anderen Fächern untergeordnet sein dürften.

Auf den Abschlusszeugnissen wird nicht unterscheiden, welchen Weg der oder die Jugendliche nach der Sekundarschule einschlagen wird. Es ist unerheblich, ob der Übergang auf den Arbeitsmarkt, auf die höhere Sekundarschule oder eine andere Bildungseinrichtung angestrebt wird. Es gibt nur zwei mögliche Szenarien: bestanden oder nicht bestanden. Eine Ausdifferenzierung und höhere Gewichtung der schulinternen Bewertungen etwa erscheint als überzeugende bildungspolitische Veränderung (vgl. World Bank 2009, S. xxi). So könnten neben den fachwissenschaftlichen Inhalten auch persönliche und arbeitsmarktrelevante Kompetenzen stärker in die Abschlusszeugnisse einbezogen werden und obendrein die vermeintliche hierarchische Unterordnung von Fächern, die in der öffentlichen Wahrnehmung zunächst weniger wichtig scheinen, aufgebrochen und überwunden werden. Denn mit Blick auf den (indischen) Arbeitsmarkt sind es eben diese Bereiche, in denen vermehrt Wert auf die Vermittlung von Kompetenzen gelegt wird, die unmittelbar für den Übergang auf den Arbeitsmarkt relevant sind.

Auch wenn die Persönlichkeitsdimension den fachwissenschaftlichen Inhalten in ihrer Codierungshäufigkeit untergeordnet ist, spielt sie auf Basis der allgemeinbildenden Ausrichtung der indischen Sekundarschule (vgl. z. B. World

Bank 2009, S. 1) eine nicht zu vernachlässigende Rolle. Dies zeigt ihre besondere Betonung in den nationalen Rahmenrichtlinien. Inwieweit die darin formulierten Leitziele dann aber tatsächlich in der Schule zum Tragen kommen, kann mittels einer Curriculumanalyse nicht festgestellt werden.

Ohnehin wäre es sinnvoll nicht nur die curriculare Verankerung, sondern darüber hinaus auch die schulische Umsetzung der vorberuflichen Bildung zu untersuchen. Mittels einer reinen Curriculumanalyse, wie sie in der vorliegenden Arbeit durchgeführt wurde, können nur bedingt Schlüsse über die tatsächliche schulische Praxis gezogen werden. In dieser Hinsicht ist die Aussagekraft dieser Untersuchung folglich limitiert. Diese kann aber beispielshalber mittels Lehrerinterviews und der kombinierten Auswertung mit den bisherigen Ergebnissen erweitert werden[15].

Interessant erscheint auch eine Erweiterung der analysierten Dokumente um die Curricula anderer Schulbeiräte. Hier kann das Erkenntnisinteresse unterschiedlich gelagert sein. Zum einen können diese untereinander verglichen werden und zum anderen wäre es dadurch möglich unterschiedliche regionale Akzentuierungen in der vorberuflichen Bildung zu ermitteln und zu vergleichen. Da es sich dabei auf Grund der Vielzahl an Schulbeiräte jedoch um ein sehr umfangreiches Vorhaben handeln würde, wäre eine Beschränkung auf einige ausgewählte Bundesstaaten oder sogar nur auf einen denkbar. Zumal es auch dort in aller Regel mehrere Beiräte gibt und somit verschiedene Curricula für die Sekundarschule gelten.

Auf Grund der großen methodischen Übereinstimmungen zu Li (vgl. 2013) liegt ein Zwei- oder Dreiländervergleich zwischen China, Deutschland und Indien nahe. An dieser Stelle muss aber auf die eingeschränkte Vergleichbarkeit der Situationsdimensionen hingewiesen werden. Dies ist der Tatsache geschuldet, dass die Bestimmung der Kategorien, wie sie hier für die Situationsdimension durchgeführt wurde, im Vergleich zur Untersuchung der chinesischen respektive der deutschen Curricula differiert (vgl. ebd., S. 61) (vgl. Kapitel 3.5.4). Es wäre daher notwendig, dass entweder für alle drei bzw. für zwei Länder ein gemeinsames Kategoriensystem für die Situationsdimension definiert oder ergänzt würde.

---

15 Der Mehrwert bzw. der zusätzliche Erkenntnisgewinn durch ein solches Vorgehen wird z. B. in den Studien von Li (vgl. 2013) sowie Pilz, Berger und Canning (vgl. 2012) deutlich. Auch für diese Untersuchung ist diese folgerichtige Erweiterung geplant.

6 Literatur

Aggarawala, O. P. & Aiyar, S. (1950). The Constitution of India. With an Exhaustive, Critical and Analytical Commentary, Notifications, Rules, Orders etc. (1st ed.). Delhi: Metropolitan Book Company Ltd., Rajakamal Publications Limited.
Aggarwal, J. C. (2007). Development of education system in India (Rev. ed.). New Delhi: Shipra Publications.
Appleby, R. C. (1994). Modern business administration (6th ed.). London: Pitman Publishing.
Baumol, W. J. & Blinder, A. S. (1991). Economics. Principles and policy (5th ed.). San Diego: Harcourt Brace Jovanovich.
Bergé, B. (2009). Wirtschafts- und Sozialentwicklung Indiens - Gleichklang oder Divergenzen? In: M. von Hauff (Hrsg.), Schriften zur Wirtschaft Asiens. Bd. 6: Indien - Herausforderungen und Perspektiven (111-131). Marburg: Metropolis-Verlag.
Betz, J. (2007). Land und Bevölkerung. In: Informationen zur politischen Bildung (296), 4-5.
Biswal, K. (2011). Secondary education in India. Development policies, Programmes and Challenges. (CREATE Pathways to Access Series. Research Monograph 63). Brighton: Consortium for Research on Educational Access, Transitions and Equity.
Blume, G. (2012). Indien versagt bei der Armutsbekämpfung. In: ZEIT online vom 23.3.2012. Zugriff am 1 Mai. 2012 http://www.zeit.de/politik/ausland/201203/indien-armut
Bose, S. & Sardana, A. (2008). Teaching Economics in Schools. In: Economic and Political Weekly, 43(32), 54-60.
Brenner, P. J. (2009). Wie Schule funktioniert. Schüler, Lehrer, Eltern im Lernprozess. Stuttgart: W. Kohlhammer.
Bundesausschuss für Berufsbildung (1972). Vorberufliche Bildung und Beratungsdienste. Empfehlung des Bundesausschusses für Berufsbildung (§ 50 BBiG) vom 26. 1. 1972. Zugriff am 22. März 2012 http://www.bibb.de/dokumente/pdf/empfehlung_00 8-vorberufl.bildung_und_beratungsdienste_116.pdf
Central Board of Secondary Education (CBSE) (2011). Secondary School Curriculum 2013. Volume 1 Main Subjects. Delhi. Zugriff am 9. April 2012 http://cbse.nic.in/cu rrisyllabus/SECONDARY%2 0CURRICULUM-vol-1-2013.pdf
Council for the Indian School Certificate Examinations (CISCE) (2012). Syllabus for ICSE 2013. Zugriff am 26. April 2012 http://www.cisce.org/icse_X_Syllabus_S_yea r_2012-13.html
DeSeCo (2005). Definition und Auswahl von Schlüsselkompetenzen. Zusammenfassung. Zugriff am 22. März 2012 http://www.oecd.or g/dataoecd/36/56/35693281.pdf

Deutsche Gesellschaft für ökonomische Bildung (DeGöB) (2004). Kompetenzen der ökonomischen Bildung für allgemein bildende Schulen und Bildungsstandards für den mittleren Schulabschluss. Zugriff am 24. April 2012 http://degoeb.de/uploads/degoeb/04_DEGOEB_Sekundarstufe-I.pdf

Dhar, A. (2010). Education is a fundamental right now. In: The Hindu vom 1.4.2010. Zugriff am 30. März 2012 http://www.thehindu.com/news/national/article337111.ece?homepage=true

Diekmann, A. (2007). Empirische Sozialforschung. Grundlagen, Methoden, Anwendungen (19. Aufl.). Reinbek: Rowohlt Taschenbuch Verlag.

Dubey, M. (2010). The Right of Children to Free and Compulsory Education Act, 2009. The Story of a Missed Opportunity. In: Social Change, 40(1), 1-13.

Federation of Indian Chambers of Commerce and Industry (FICCI) (2010). The Skill Development Landscape in India and Implementing Quality Skills Training. Zugriff am 19. April 2012 http://www.ficci.com/SPdocument/20073/IMaCS.pdf

Früh, W. (2001). Inhaltsanalyse. Theorie und Praxis (5. Aufl.). Konstanz: UVK.

Gasskov, V., Aggarwal, A., Grover, A., Kumar, S. & Juneja, Q.L. (2003). Industrial Training Institutes of India. The Efficiency Study Report. Geneva: International Labour Organisation (ILO). Zugriff am 1. Mai 2012 http://temp.oitcinterfor.org/public/english/region/ampro/cinterfor/news/gasskov.pdf

Government of India (GoI) (2002). The Constitution (Eighty-Sixth Amendment) Act, 2002. New Delhi: Ministry of Law and Justice.

Government of India (GoI) (2009). The Right of Children to Free and Compulsory Education Act, 2009. In: The Gazette of India (39).

Government of India (GoI) (2011a). Census of India 2011. Provisional Population Totals. India 1. New Delhi. Office of the Registrar General & Census Commissioner. Zugriff am 28. März 2012 http://www.censusindia.gov.in/2011-prov-results/prov_results_paper1_india.html

Government of India (GoI) (2011b). The Constitution of India. New Delhi: Ministry of Law and Justice.

Hedtke, R. (2011). Konzepte ökonomischer Bildung. Schwalbach am Taunus: Wochenschau-Verlag.

Hempstead, C. & Worthington, W. (2004). Encyclopedia of 20th-Century Technology. New York: Routledge.

Kruber, K.-P. (2000). Kategoriale Wirtschaftsdidaktik - der Zugang zur ökonomischen Bildung. In: Gegenwartskunde, 49(3), 285-295.

Li, J. (2013). Pre-vocational Education in Germany and PRC. A Comparison of Curricula and its Implementation. Wiesbaden: Springer VS. (Online-Ressource)

Li, J. & Pilz, M. (2011). Vorberufliche Bildung in Deutschland und China - ein curricularer Vergleich. In: Tertium Comparationis - Journal für internationale und interkulturell Vergleichende Erziehungswissenschaft, (17)2, 137-158.

Lipsey, R. G. & Chrystal, K. A. (2007). Economics (11th ed.). Oxford; New York: Oxford University Press.

Majumdar, S. (2008). Workforce Development in India. Policies and Practices. Tokyo: Asian Development Bank institute.

Mankiw, N. G. (2001). Principles of economics (2nd ed.). Fort Worth, Tex.; London: Harcourt College Publishers.
Männicke, J. (2011). Marktstudie Indien für den Export beruflicher Aus- und Weiterbildung. Bonn. Zugriff am 26. März 2012 http://www1.imove-Germany.de/cps/rde/xbcr/imove_projekt_de/d_iMOVE-Marktstudie_Indien_2011.pdf
Mayring, P. (2008). Qualitative Inhaltsanalyse. Grundlagen und Techniken (10. Aufl.). Weinheim; Basel: Beltz.
Ministry of Human Resource Development (MHRD) (2005). Selected Educational Statistics 2005-2006. New Delhi: Government of India.
Ministry of Labour and Employment (MOLE) (2010). Annual Report to the People on Employment. New Delhi. Zugriff am 16. Mai 2012 http://labour.nic.in/Report_to_People.pdf
Mishra, R. C. (1999). Research on education in India. In: Prospects, 29(3), 335-347.
National Council of Educational Research and Training (NCERT) (2005). National Curriculum Framework 2005. New Delhi: National Council of Educational Research and Training.
National Council of Educational Research and Training (NCERT) (2006a). Curriculum, Syllabus and Textbooks. New Delhi: National Council of Educational Research and Training.
National Council of Educational Research and Training (NCERT) (2006b). Syllabus for Secondary and Higher Secondary Classes. New Delhi: National Council of Educational Research and Training. Zugriff am 24. April 2012 http://www.ncert.nic.in/rightside/links/pdf/syllabus/vol2/08HGPES%20(XI-XII).pdf
National Skill Development Corporation (NSDC) (o. J. a). Human Resource and Skill Requirements in the Auto & Auto Components Sector (2022) - A Report. New Delhi: National Skill Development Corporation. Zugriff am 19. April 2012 http://www.nsdcindia.org/pdf/Auto-Auto-Comp.pdf
National Skill Development Corporation (NSDC) (o. J. b). Human Resource and Skill Requirements in the Banking, Financial Services & Insurance Sector (2022) - A Report. New Delhi: National Skill Development Corporation. Zugriff am 19. April 2012 http://www. nsdcindia.org/pdf/BFSI.pdf
National Skill Development Corporation (NSDC) (o. J. c). Human Resource and Skill Requirements in the Building, Construction and Real Estate Services Sector (2022) - A Report. New Delhi: National Skill Development Corporation. Zugriff am 19. April 2012 http://www.nsdcindia.org/pdf/construction-matl-bldg-hardware.pdf
National Skill Development Corporation (NSDC) (o. J. d). Human Resource and Skill Requirements in the Organised Retail Sector (2022) - A Report. New Delhi: National Skill Development Corporation. Zugriff am 19. April 2012 http://www.nsdcindia.org/pdf/Organised-Retail.pdf
National Skill Development Corporation (NSDC) (o. J. e). Human Resource and Skill Requirements in the Textile Sector (2022) - A Report. New Delhi: National Skill Development Corporation. Zugriff am 19. April 2012 http://www.nsdcindia.org/pdf/Textiles-Clothing.pdf
National University of Educational Planning & Administration (NUEPA) (2008). Status of Education in India. National Report. New Delhi: Department of Higher Educa-

tion, Ministry of Human Resource Development. Zugriff am 2. April 2012 http://www.ibe.unesco.org/National_Reports/ICE_2008/india_NR08.pdf

Nawani, D. & Jain, M. (2011). Learners and Learning in India. History, Perspectives, and Contexts. In: Y. Zhao (Hrsg.), Handbook of Asian education (501-528). New York: Routledge.

Nordic Recognition Information Centres (NORRIC) (2006). The System of Education in India. Zugriff am 29. März 2012 http://norric.org/files/education-systems/India-2006.pdf/view

OECD (2002). Education at a Glance. OECD Indicators 2002. Paris: OECD Publishing.

Pilz, M. (2012). Introduction: Questions, Challenges and Methods. In: M. Pilz, S. Berger & R. Canning (Hrsg.), Fit for Business. Pre-vocational Education in European Schools (7-16). Wiesbaden: Springer VS.

Pilz, M., Berger, S. & Canning, R. (Hrsg.) (2012). Fit for Business. Pre-vocational Education in European Schools. Wiesbaden: Springer VS.

Pilz, M. & Mond, M. (2011). Das Berufsbildungssystem in Indien. Herausforderungen und Lösungsansätze. In: C. Kreklau & J. Siegers (Hrsg.), Handbuch der Aus- und Weiterbildung (1-20) (218. Ergänzungslieferung, Juli 2011). Köln: Wolters/Kluwer.

Quality Council of India (o. J.). Final Report on Quality in School Education. New Delhi. Zugriff am 26. März 2012 http://www.qcin.org/articles/downloadpdf.php?downloaded=Quality-in-School-Education.pdf

Rani, P. G. (2007). Secondary Education in India. Development and Performance. (Paper presented at the 43rd Annual Conference of the Indian Econometric Society (TIES) Indian Institute of Technology, Mumbai 5-7. January.). Zugriff am 26. März 2012 http://www.esocialsciences.org/Download/repecDownload.aspx?fname=Secondary_296200736.pdf&fcatcgory=Articles&AId=907&fret=repec

Reetz, L. (1984). Wirtschaftsdidaktik. Eine Einführung in Theorie und Praxis wirtschaftsberuflicher Curriculumentwicklung und Unterrichtsgestaltung. Bad Heilbrunn: Klinkhardt.

Reetz, L. (2003). Prinzipien der Ermittlung, Auswahl und Begründung relevanter Lernziele und Inhalte. In: F.-J. Kaiser & H. Kaminski (Hrsg.), Wirtschaftsdidaktik (99-124). Bad Heilbrunn: Klinkhardt.

Rhines, G., Brown Ruzzi, B. & Muralidharan, K. (2006). A Profile of the Indian Education System. (Paper prepared for the New Commission on the skills of the American Workforce.). Zugriff am 22. März 2012 http://www.teindia.nic.in/Files/Articles/Indian_Education_Sysytem_By_Karthik_Murlidharan.pdf

Sharma, O. P. (1991). Administration of education boards in India. New Delhi: Ashish Publishing House.

Sheshagiri, K. (2011). A Cultural Overview of Education in Hindu Civilization. In: Y. Zhao (Hrsg.), Handbook of Asian education (463-480). New York: Routledge.

Singh, M. (2010). Prime Minister's Address to the Nation on The Fundamental Right of Children to Elementary Education. Zugriff am 31. März 2012 http://www.pib.nic.in/newsite/erelease.aspx?relid= 60001

Srinivasan, M. (2008). Teaching Economics: A Comment. In: Economic and Political Weekly, 43(42), 77-79.

6 Literatur

Steinmann, B. (2008). Lebenssituationsorientierte ökonomische Bildung. In: R. Hedtke & B. Weber (Hrsg.), Wörterbuch ökonomische Bildung (209-212). Schwalbach am Taunus: Wochenschau-Verlag.

Stiglitz, J. E. & Walsh, C. E. (2006). Economics (4th ed.). New York: W.W. Norton.

United Nations Educational, Scientific and Cultural Organization (UNESCO) (2009). UIS statistics in brief. Education (all levels) profile - India. Zugriff am 22. März 2012 http://stats.uis.unesco.org/unesco/TableViewer/document.aspx?ReportId=289&IFLanguage=eng&BRCountry=3560&BRRegion=40535

United Nations Educational, Scientific and Cultural Organization (UNESCO) (2011). World data on education. Zugriff am 23. März 2012 http://unesdoc.unesco.org/images/0021/002113/211302e.pdf

Weber, B. (2002). Economic Education in Germany. In: Journal of Social Science Education (2). Zugriff am 24. April 2012 http://www.jsse.org/2002/2002-2/germanyweber.htm/#kap21

World Bank (2009). Secondary Education in India: Universalizing Opportunity. New Delhi: Human Development Unit, South Asia Region.

Yasmeen, S. (2010). RTE Act: First anniversary status report. Special Report. In: Educationworldonline vom 7.5.2010. Zugriff am 2. April 2012 http://educationworldonline.net/index.php/page-article-choice-more-id-2720

Anhang

Kategorienbestimmung der Situationsdimension

	Quelle	Seite (Fundstelle)		Summe
Kenntnis über und Beachtung von Firmenvorgaben, sowie von arbeitsbezogenen Regeln und Gesetzen (Compliance with rules and regulations)	NSDC o. J. b	21,24	Awareness of regulatory norms	2
		22,24	work in regulated environment	2
		22	understanding of regulations	1
		23	legal norms	1
		25	knowledge of various laws and regulations to ensure compliance	1
	NSDC o. J. c	25	understanding of legal norms	1
		27	comply with safety and quality measures	1
		28	basic legal knowledge	1
		30	understand legal contracts	1
		34	understanding of legal and contractual aspects	1
	NSDC o. J. d	25	ability to understand (…) policies	1
		24	knowledge of policies	1
				14
Einhalten von zeitlichen Vorgaben (Accomplishing the task on time)	NSDC o. J. a	42	ensure that daily production line targets are met	1
		46	Ability to confirm to work schedules and	1

			complete the assigned work on time	
		53	(…) ensuring that defined timelines	1
		68	(…) timely delivery are met	1
		76	timely completion	1
	NSDC o. J. c	23	on-time delivery of project	1
		25	poor time management	1
	NSDC o. J. e	48	Time Management	1
				8
Zuverlässigkeit/ Integrität (Sense of Duty)	NSDC o. J. a	46	maintain punctuality and regular attendance at workplace	1
	NSDC o. J. b	23	Integrity	1
	NSDC o. J. c	24	high integrity	1
		24	reporting to work on time	1
	NSDC o. J. e	31	punctuality and regular attendance	1
				5
Beachtung von Arbeitsabläufen (Operate strictly according to the procedures)	NSDC o. J. b	22	Adherence to processes	1
	NSDC o. J. c	27	orientation towards basic workplace practices	1
	NSDC o. J. d	25	Ability to understand store policies and procedures	1
				3
Anweisungen befolgen (Obey Instructions)	NSDC o. J. a	76	Ability to follow instructions in the job card	1
	NSDC o. J. a	45	Ability to understand and follow	1

			instruction	
	NSDC o. J. c	27	take instructions (...) and execute them appropriately	1
		27	follow simple instructions	1
				4
Gepflegtes Erscheinungsbild und Auftreten (Presentable and pleasing personality and appearance)	NSDC o. J. b	22, 24, 30, 33, 37	Presentable and pleasing	5
				5
Ausdauer und Durchhaltevermögen (Stamina)	NSDC o. J. b	22	Patience and perseverance	1
		23	High level of perseverance	1
		24	ability to work under presure	1
				3

Codierungstabellen

Codierungstabelle des National Curriculum Framework 2005 (NCERT 2005)

Wortlaut	Position in den Richtlinien (Seite)	Art der Nennung		Code
		implizit	explizit	
Diversities are emphasised but never viewed as problems. There is a continuing recognition that societal learning is an asset and that the formal curriculum will be greatly enriched by integrating	Foreword III	x		p4

with that. There is a celebration of plurality and an understanding that within a broad framework plural approaches would lead to enhanced creativity.				
We need to give our children some taste of understanding, following which they would be able to learn and create their own versions of knowledge as they go out to meet the world of bits, images and transactions of life.	III	x		p2
certain radical steps to link learning with work from the primary stage upwards are suggested on the ground that work transforms knowledge into experience and generates important personal and social values, such as self-reliance, creativity and cooperation	Executive Summary ix-x	x		p5
The basic concerns of education—to enable children to make sense of life and develop their potential, to define and pursue a purpose and recognize the right of others to do the same—stand uncontested and valid even today.	2	x		p8
Equally, we need to reaffirm our commitment to the concept of equality, within the landscape of cultural and socioeconomic diversity from which children enter into the portals of the school.	2	x		p4
Education must be able to promote values that foster peace, humaneness and tolerance in a multicultural society.	2	x		p4
Making children sensitive to the environment and the need for its protection is another important curricular concern. The emergence of new technological choices and living styles witnessed during the last century has led to environmental degradation and vast imbalances between the advantaged and the disadvantaged. It has become imperative now more than ever before to nurture and preserve the environment.	6		x	t8

Disturbed natural and psycho-social environment often leads to stress in human relations, triggering intolerance and conflict. We live in an age of unprecedented violence— local, national, regional and global. Education often plays a passive, or even insidious role, allowing young minds to be indoctrinated into a culture of intolerance, which denies the fundamental importance of human sentiments and the noble truths 6iscovered by different civilisations. Building a culture of peace is an incontestable goal of education.	6	x		p4
A citizen needs to internalise the principles of equality, justice and liberty to promote fraternity among all.	7	x		p7
To strengthen our cultural heritage and national identity, the curriculum should enable the younger generation to reinterpret and re-evaluate the past with reference to new priorities and emerging outlooks of a changing societal context. Understanding human evolution should make it clear that the existence of distinctness in our country is a tribute to the special spirit of our country, which allowed it to flourish. The cultural diversity of this land should continue to be treasured as our special attribute.	7	x		p4
Creation of a citizenry conscious of their rights and duties, and commitment to the principles embodied in our Constitution is a prerequisite in this context	7		x	p9
A clear orientation towards values associated with peace and harmonious coexistence is called for.		x		p4
The first is a commitment to democracy and the values of equality, justice, freedom, concern for others' well-being, secularism, respect for human dignity and rights. Education should aim to build a commitment to these values, which are	10-11	x		p7

based on reason and understanding. The curriculum, therefore, should provide adequate experience and space for dialogue and discourse in the school to build such a commitment in children.				
Independence of thought and action points to a capacity of carefully considered, value-based decision making, both independently and collectively.	11	x		p7
A sensitivity to others' well-being and feelings, together with knowledge and understanding of the world, should form the basis of a rational commitment to values.	11	x		p4
Learning to learn and the willingness to unlearn and relearn are important as means of responding to new situations in a flexible and creative manner. The curriculum needs to emphasise the processes of constructing knowledge.	11	x		p2
education must develop the ability to work	11	x		s
We must ensure that work-related experiences are sufficient and broadbased in terms of skills and attitudes, that they foster an understanding of socio-economic processes, and help inculcate a mental frame that encourages working with others in a spirit of cooperation	11	x		p5 s
They constantly encounter situations that call for moral assessment and action, whether in relation to subjective experiences of conflict involving the self, family and society, or in dealing with exposure to violent conflict in the contemporary world. To use conflict as a pedagogic strategy is to enable children to deal with conflict and facilitate awareness of its nature and its role in their lives.	24		x	p6
Learning to question received knowledge critically, whether it is found in a 'biased' textbook, or other literary sources in their own environments, can be built	24		x	p2

by encouraging learners to comment, compare and think about elements that exist in their own environment				
These capabilities, practices, and skills of understanding are what we seek to develop through the school curriculum.	28	x		p2
Children need to find examples of the plurality of peoples and ways of life represented in the textbooks. These portrayals need to ensure that no community is oversimplified, labeled, or judged.	32	x		p4
Everything they learn later will be in relation to this knowledge that they bring into the classroom. This knowledge is also intuitive. School provides opportunities to build on this in a more conscious and engaged manner	33	x		p2
The social sciences carry a normative responsibility of creating a strong sense of human values, namely, freedom, trust, mutual respect, and respect for diversity. Social science teaching should aim at generating in students a critical moral and mental energy, making them alert to the social forces that threaten these values.	51	x		p4, 7, 9
Social science teaching needs to be revitalised for helping the learner acquire knowledge and skills in an interactive environment	53	x		p2
Since work defines some achievable targets and creates a web of interdependence, it entails making efforts in a disciplined manner, thus creating possibilities for greater self-control, focusing mental energies and keeping emotions under check	59	x		s7
The discipline exercised by the material (say, clay or wood) is more effective and qualitatively different from the discipline exercised by one human being over another. Work involves interaction with materials or other people (mostly both), thus	59		x	t14 p4

creating a deeper comprehension and increased practical knowledge of natural substances and social relationships.				
The aspects of work mentioned here draw attention to the meaning-making and knowledge-construction dimension of work. This is the pedagogic function that work can play in the curriculum.	59	x		p2
A set of work-related generic competencies (basic, interpersonal and systemic) could be pursued at all stages of education. This includes critical thinking, transfer of learning, creativity, communication skills, aesthetics, work motivation, work ethic of collaborative functioning, and entrepreneurship-cum-social accountability.	60-61	x	x	p1, 5 s7,
Through such engagement, they also discover their own interests and aptitudes and begin to form ideas on what courses of study and related work they might like to pursue later.	68	x		p8
Providing children more direct access to multimedia equipment and Information Communication Technology (ICT), and allowing them to mix and make their own productions and to present their own experiences, could provide them with new opportunities to explore their own creative imagination.	92	x	x	p3 t4, 18
Such an experience of ET production, rather than only watching and listening to programmes in a passive way, can lay the foundation for far better utilisation of the country's enormous ET facilities. Interactive, Net - enabled computers, rather than only CD-based computer usage, would facilitate a meaningful integration of computers and enhance the school curriculum in rural and remote areas by increasing connectivity and enhancing access to ideas and information.	92	x	x	p3

Wortlaut	Position			Code
This pedagogy is expected to facilitate a child-friendly route to disciplinary knowledge, development of values primarily drawn from the Constitution and related to social transformation, and the formation of multiple skills that are relevant for facing the complex challenges of a globalised economy.	116	x	x	p7

Codierungstabelle des Secondary School Curriculum 2013 (CBSE 2011)

Fach: Social Science	Position im Curriculum (Seite)	Art der Nennung		Code
Wortlaut		implizit	explizit	
This is of crucial importance because it helps them grow into well-informed and responsible citizens with necessary attributes and skills for being able to participate and contribute effectively in the process of development and nation-building.	130	x		p9
Together they provide a comprehensive view of society-over space and time, and in relation to each other. Each subject's distinct methods of enquiry help the learners understand society from different angles and form a holistic view.	130	x		p7
to make learners realise that the process of change is continuous and any event or phenomenon or issue cannot be viewed in isolation but in a wider context of time and space.	130	x		p7
to deepen knowledge about and understanding of India's freedom struggle and of the values and ideals that it represented,	130	x		p7
to develop an appreciation of the contributions made by people of all sections and regions of the country.	130	x		p4

to help learners understand and cherish the values enshrined in the Indian Constitution and to prepare them for their roles and responsibilities as effective citizens of a democratic society.	130	x		p7, 9
to facilitate the learners to understand and appreciate the diversity in the land and people of the country with its underlying unity.	130	x		p4
to develop an appreciation of the richness and variety of India's heritage-both natural and cultural and the need for its preservation.	130	x		p4
to help pupils acquire knowledge, skills and understanding to face the challenges of contemporary society as individuals and groups and learn the art of living a confident and stress-free life as well as participating effectively in the community	130	x		p4
to develop scientific temper by promoting the spirit of enquiry and following a rational and objective approach in analysing and evaluating data and information as well as views and interpretations.	130	x		p5, 2
to develop academic and social skills such as critical thinking, communicating effectively both in visual and verbal forms- cooperating with others, taking initiatives and providing leadership in solving others' problems.	130	x	x	p1, 5, 6
to develop qualities clustered around the personal, social, moral, national and spiritual values that make a person humane and socially effective.	130	x		p4, 7
to promote an understanding of the issues and challenges of contemporary India-environmental,	130		x	t8
expansion of markets	132		x	e8
Show the different processes through which agrarian transformation may occur in the modern world.	132		x	t10

Histories of the emergence of different forms of farming and peasant societies. Changes within rural economies in the modern world.	133	x		t10
Understand how agricultural systems in India are different from that in other countries.	133		x	t10
Familiarize students with the idea that large scale farming, small scale production, shifting agriculture operate on different principles and have different histories.	133		x	t10
major rivers and tributaries, lakes and seas, role of rivers in the economy, pollution of rivers, measures to control river pollution.	134	x		t8 e7
occupational structure and national population policy	134	x		e7, 12
To understand the various occupations of people	134	x		e12
Economic transactions of Palampore and its interaction with the rest of the world through which the concept of production (including three factors of production (land, labour and capital) can be introduced.	136	x		e4 b8
Familiarising the children with some basic economic concepts through an imaginary story of a village	136		x	e1
Introduction of how people become resource / asset;	136	x	x	b9
economic activities done by men and women;	136	x		e12
unpaid work done by women;	136	x		e10
quality of human resource	136		x	b9
develop an appreciation of citizen's increased participation in electoral politics	136	x		p9
develop a citizens' awareness of their rights	136	x		p9
unemployment as a form of nonutilisation of human resource;	137		x	b9

sociopolitical implication in simple form	137		x	e7
steps taken by government for poverty alleviation	137	x		e7
Appreciation of the government initiative to alleviate poverty	137	x		e7
Source of foodgrains- variety across the nation	137		x	t10
role of cooperatives in food security	137	x		e5
Appreciate and critically look at the role of government in ensuring food supply	137	x		e7
Relationship between handicrafts and industrial production, formal and informal sectors.	140	x		b2, 8
Livelihood of workers.	140	x		e12
discuss two different patterns of industrialization, one in the imperial country and another within a colony.	140	x		e7
Show the relationship between different sectors of production.	140	x		e1
Show that globalizaton has a long history and point to the shifts within the process.	140		x	e4
Analyze the implication of globalization for local economies.	140		x	e4
Discuss how globalization is experienced differently by different social groups.	140		x	e4
Expansion and integration of the world market in the nineteenth and early twentieth century. Trade and economy between the two Wars. Shifts after the 1950s. Implications of globalization for livelihood patterns.	140		x	e4
Resources : Types - natural and human; Need for resource planning.	141	x	x	b8, 9
Natural Resources : land as a resource, soil types and distribution; changing land-use pattern; land degradation and conservation measures.	141	x		t8
Understand the value of resources and the need for their judicious utilisation and conservation	141	x		t8

Identify various types of farming and discuss the various farming methods; Describe the spatial distribution of major crops as well as understand the relationship between rainfall regimes and cropping pattern;	141	x		t10
Explain various government policies for institutional as well as technological reforms since independence;	141		x	e7
Understand the importance of agriculture in national economy;	141		x	t10
Agriculture : types of farming, major crops, cropping pattern, technological and institutional reforms; their impact; contribution of Agriculture to national economy - employment and output.	141	x	x	t10 e7
use and economic importance of minerals, conservation.	141	x		b8
Manufacturing Industries : Types, spatial distribution, contribution of industries to the national economy, industrial pollution and degradation of environment, measures to control degradation.	141	x	x	t8 e7 e5
Discuss various types of conventional and non-conventional resources and their utilization	141	x		b8
Discuss the need for a planned industrial development and debate over the role of government towards sustainable development;	141		x	e7
the importance of transport and communication in the ever shrinking world;	141		x	t3, 17
To understand the role of trade in the economic development of a country,	141		x	e4
The traditional notion of development; National Income and Precipitate Income. Growth of NI - critical appraisal of existing development indicators (PCI, IMR, SR and other income and health indicators)	143		x	e11
Familiarization of some macroeconomic concepts.	143		x	e1
Sensitizing the child about the rationale for overall human development in our country, which include the rise of income, im-	143		x	e10

provements in health and education rather than income.				
It is necessary to raise question in minds of the children whether the increase in income alone is sufficient for a nation.	143		x	e10, 11
Making the child aware of his or her rights and duties as a consumer	144	x		p9
Familiarizing the legal measures available to protect from being exploited in markets.	144	x		p9
Sectors of Economic Activities; Historical change in sectors; Rising importance of tertiary sector; Employment Generation; Division of Sectors-Organised and Unorganised; Protective measures for unorganized sector workers.	144	x	x	e12
Familiarize the concept of money as an economic concept;	144		x	e6
Create awareness of the role of financial institutions from the point of view of day-to-day life.	144		x	e6
To make aware of a major employment generating sector	144	x		e12
Sensitise the learner of how and why governments invest in such an important sector.	144	x		e7
What is Globalisation	144		x	e4
How India is being globalised and why	144		x	e4
State Control of Industries : Textile goods as an example for elaboration	144	x		e7
Economic Reforms 199; Strategies adopted in Reform measures (easing of capital flows; migration, investment flows)	144	x		e7
Different perspectives on globalisation and its impact on different sectors; Political Impact of globalisation	144		x	e4

Fach: Commerce	Position im Curriculum (Seite)	Art der Nennung		Code
Wortlaut		implizit	explizit	
Office Routine : Different departments of Business establishment, handling inward and outward mail, filing and indexing methods, copying and duplicating methods	196	x		s3
Introductory : Meaning, functions and scope of business	196		x	b2
Types of Business Organizations : Sole proprietorship, Partnership firm and Joint Stock Company	196		x	b2
Channels of distribution : Types and functions of wholesaler and retailer	196	x		b8
Course of Business Transactions : Buying and selling of goods, methods of approaching customers, enquiries and quotations, price list, tenders, estimates and firm offers. General terms of sale, quality, price, packing, delivery, transfer of ownership and payments;	196	x		b7, 6
Functions of a Bank,	197	x		e5, 6

Fach: Work Education	Position im Curriculum (Seite)	Art der Nennung		Code
Wortlaut		implizit	explizit	
identifying needs of the self, family and community in respect of food, health and hygiene, clothing, shelter, recreation and social service.	219	x		p9

Work education is a distinct curricular area for providing children with opportunities for participation of social and economic activities inside and outside the classroom, which would enable them to understand scientific principles and procedures involved in different types of work.	219	x		s3
understand the use of tools and equipment in the production of goods and services	219	x		s3
Increasing productivity through the development of proper work skills and values,	219	Schließt implizit alle Kategorien ein		s
knowing the sources of raw materials and understand the use of tools and equipment in the production of goods and services;	219	x	x	b8 t14
understanding the needs of a technologically advancing society in terms of productive processes and skills;	219	x		b8, 9
understanding the processes of planning and organization of productive work;	219	x	x	b4, 8
the selection, procurement, arrangement and use of tools and materials for different forms of productive work	219	x		b8 t14
the application of problem-solving methods in productive work	219	x		b8
socially desirable values such as self-reliance, helpfulness, cooperativeness, teamwork, perseverance, tolerance, etc;	220	x	x	p5, 4 s6
proper work ethics such as regularity, punctuality, honesty, dedication, discipline, etc	220		x	s7
Use of bus, railway, air time-table etc.	220	x		s7
greater productive efficiency.	220	x		b8
Acquaintance with common fertilizers	220	x		t10

and pesticides and their application				
Acquaintance with common pests and plant diseases and use of simple chemical and plant protection equipment.	221	x		t10
Raising of flowers, vegetables, plant and their seedlings in nurseries.	221	x		t10
Repair and maintenance of equipment for plant protection	221	x		t10
non-conventional sources of energy- sun, wind, tides, biogas, etc.	221	x	x	t7, 8
Post-harvest technology and safe storage of food grains.	222	x		t10
Plant protection against pest and disease.	222	x		t10
Repair and maintenance of domestic electrical gadgets.	222		x	t6
Preparing electric extension boards for use in home/school or for sale.	222		x	t6

Codierungstabelle der Syllabus for ICSE 2013 (CISCE 2012)

Fach: History, Civics and Geography (HCG)	Position im Curriculum (Seite)	Art der Nennung		Code
Wortlaut		implizit	explizit	
Directive Principles of State Policy, Welfare State	56		x	e7
Industrial Revolution: Age of machines cotton and iron industries in England.	59	x		b8
To understand the use of natural resources and development of regions by mankind.	65	x		t8
Types of pollution - air, water (fresh and marine), soil, radiation and noise.	67	x		t8
Sources of pollution and major pollutants;	67	x		t8
Abatement of pollution. Air: setting stand-	67	x		t8

ards and implementing them, using technical devices to reduce pollution. Water: proper collection and disposal of domestic sewage, treatment of industrial waste to yield safe effluents, etc. Nuclear: working on safe disposal of waste. Safety measures to be strictly enforced.				e7
Collection of data from secondary sources: Collecting newspaper and magazine articles of	68		x	p2
Agriculture in India Types of agriculture in India: shifting, subsistence, intensive, extensive, plantation, mixed, commercial. Indian Agriculture – problems and solutions	70		x	t10
Agricultural seasons (rabi, kharif, zayad), climatic conditions, soil, methods of cultivation, processing and distribution of the following crops: - rice, wheat, millets and pulses.- sugarcane, oilseeds.- cotton, jute, tea, coffee, rubber.	70		x	t10
Agro based Industry - Sugar, Cotton Silk, Woollen and Jute Textiles.	70		x	t10
Mineral based Industry - Iron, Steel, Heavy Engineering, Petro Chemical and Electronics.	70	x	x	t6, 14
Need for reducing, reusing and recycling waste.	71	x		t8
List different types of industries in the States and collect information about the types of raw materials used, modes of their procurement and disposal of wastes generated. Classify these industries as polluting or environment friendly and suggest possible ways of reducing pollution caused by these units.	71		x	t8, 14 p2
Need for industrialization in India, the latest trends and its impact on economy of India.	71	x		e11

Fach: Economics	Position im Curriculum (Seite)	Art der Nennung		Code
Wortlaut		implizit	explizit	
To acquire the knowledge of terms, facts, concepts, trends, principles, assumptions, etc. in Economics.	116		x	p1
To develop familiarity with the basic terminology and elementary ideas of Economics.	116		x	p1
To acquire knowledge of contemporary economic problems and to appreciate the efforts being made to solve these problems	116	x		e7, 11
To develop an understanding of the Nation's physical and human resources and how to avoid their misuse.	116	x		e12
To acquire skills in interpreting simple statistical data.	116	x		p2
Meaning and definition of Economics; Concepts of Economics: Wealth, Welfare, Capital, Factors of production, Utility, Government, Household, Firm, Value, Price, Production, Consumption, Micro and Macro Economics.	116	x	x	e1, 5, 6, 8
Basic problems of an economy: What to produce? How to produce? For whom to produce? Efficient use of resources; economic growth. The concept of production possibility curve.	116	x	x	e1, 2, 11 b8
Efforts of the Government in resolving food problem– Public Distribution System, buffer stock – role of Co-operative societies in Public Distribution System.	116	x		e5, 7
Efforts of the Government in resolving food problem– Public Distribution System, buffer stock – role of Co-operative societies in Public Distribution System.	117		x	e11 t10
The need for rapid industrialization is to be explained with special reference to solve	117	x		e12

the problems of unemployment and poverty in India.				
The need for faster industrial development in India is to be discussed in the light of globalization and liberalization.	117	x	x	e4, 7
Impact of industrial practices on the ecosystem.	117		x	t8
energy generation, automobiles, urbanisation leading to defacement of land, deforestation, deterioration of hydrological resources.	117	x	x	t7, 8
Measures to check the ecosystem.	117		x	t8, 15
setting standards and implementing them, using technical devices to reduce pollution	117	x	x	t8 e7
Meaning of Poverty-line. Causes of poverty; poverty-alleviation programmes; nature of unemployment; causes of unemployment, measures to check unemployment	117	x		e7, 11, 12
Study a local firm/industry or any economic institution like a bank, a telephone exchange, transport corporation. Visit the same and explain its size, mode of functioning and importance to the local or national economy.	117-118	x		p2 e9
Conduct a survey of the locality to find out the working and non-working population and the extent of unemployment	118	x		e12
Factors of production - Land, labour, capital and entrepreneur. their impact on the production structure in an economy.	119	x	x	b8 e5
meaning and characteristics; division of labour: meaning, types, advantages and disadvantages; efficiency of labour; meaning, reasons for low efficiency of Indian labour	119	x	x	e1, 12
reasons for slow growth rate of capital formation.	119		x	e11
Entrepreneur: meaning, functions and role of entrepreneur in economic development.	119	x		e5

A basic understanding of the law of demand and supply in which demand and supply schedules are to be used to explain the demand and supply curves.	119		x	e3
The individual demand and supply curves must be distinguished from market demand and supply curves.	119		x	e3
Concept of movement and shift of Demand and Supply curves are to be explained.	119		x	e3
Determinants of demand and supply are to be specified. Exceptions to the law of demand are to be discussed.	119		x	e3
The concept of price elasticity of demand and elasticity of supply are to be explained with percentage method. Factors affecting the elasticity of demand and supply are to be specified.	119		x	e3
Explanation of the concepts of direct and indirect taxes along with examples. Comparison of the direct and indirect taxes with reference to their respective merits and demerits.	119	x		e6, 7
Meaning, and reasons for growth of public expenditure in recent times.	119	x		e7, 11
Meaning and scope of Public Finance; Public Revenue; Taxes, types: direct and indirect taxes with their merits and demerits; Progressive, Proportional, Regressive and Degressive taxes	119	x		e7, 11
Meaning and types of public debt.	119	x		e11
Money: Barter system. Evolution of Money, meaning and functions of Money;	120		x	e6
Inflation meaning, types: effects of inflation on the functioning of the economy	120		x	e11
The impact of inflation on various economic entities such as producers creditors, debtors, fixed income groups are to be explained briefly.	120		x	e10, 11,
A basic understanding of the inconvenience of Barter system and evolution of money. Meaning and Functions of money, Mean-	120		x	e6, 11

ing of inflation and its variants - cost-push, demand-pull, creeping, walking, running and hyperinflation are to be given				
Banking: Commercial Banks: functions; credit creation (in brief); Nationalisation vs. Privatisation of Banks. Central Bank: functions; Quantitative and Qualitative credit control measures adopted by RBI.	120	x	x	e6, 7,
An explanation of functions of a commercial bank and the meaning of credit creation is needed (process not required). Types of qualitative and quantitative controls used by the RBI as part of its credit control measures are to be explained.	120	x	x	e6,7
Ways in which consumer is exploited. Reasons for exploitation of consumers. Growth of consumer awareness – consumer rights – Legal measures available to protect consumers from being exploited	120	x		p9
Understanding the importance of educating consumers of their rights - awareness of food adulteration and its harmful effects.	120	x		p9 t10

Fach: Commercial Studies	Position im Curriculum (Seite)	Art der Nennung		Code
Wortlaut		implizit	explizit	
To enable students to develop a perceptive, sensitive and critical response to the role of business in a global, national and local context.	122	x		b2 e4
To allow students to balance the demands of social parameters with individual aspirations.	122	x		p9
To help develop a co-operative attitude through study of the organisation and participation associated with commerce and industry.	122	x		p5 b2

Meaning and characteristics. Types of business activities – industry – classification of industries on the basis of products. Commerce – types of commerce – trade and aids to trade. Brief description on various types of trade and aids to trade. Inter relationship between industry, commerce and trade needs to be covered.	122	x		b2
Sole proprietorship, partnership, Hindu undivided family business, joint stock company, co-operative society, public sector enterprise.	122	x		b2 e9
Students should be explained the concepts and functioning of - Purchasing and Stores, Production, Marketing and Sales, Finance - (manual and computerized accounting system in business organizations).	122	x	x	b2, 7,8
Human Resources (personnel, training), & General Administration and Legal departments, affecting the organization all through	122		x	b9, 10
Meaning, characteristics, process, importance and different methods of communication.	123	x	x	p1, 3 t3
international trade – meaning, types, advantages and disadvantages of international trade.	123	x		e4
Air pollution due to vehicles, industries, brick kilns, etc.	123	x		t8
setting standards and implementing them, using technical devices to reduce pollution.	123	x		t8 e7
Management of waste in industrial and commercial establishments. Sources of waste - domestic, industrial, agricultural, commercial and other establishments.	123-124	x		t8
Distinction between stakeholders and customers. Explain all the six stakeholders of a firm - shareholder, creditor, supplier, employee, government and society.	125		x	e9
Internal and external stakeholders. Stakeholders within and outside the firm need to be explained. The six stakeholders need to be classified as internal and external	125	x		e9

stakeholders.				
Verbal and non-verbal communication, formal and informal communication. (merits, demerits and suitability).	125		x	p1
Skills required for effective communication and barriers causing breakdown in communication and measures to overcome the barriers.	125		x	p1
Marketing Meaning, objectives, importance and functions of marketing.	125		x	b7
Product and service Meaning, types and difference between a product and a service (with examples).	125	x		b2
Marketing research Meaning, role and methods of marketing research.	125		x	b7
Advertising and sales promotion Advertising – meaning, importance of advertising, merits and demerits, difference between advertising and publicity, advertising media. Code of conduct for advertisers. Sales promotion – meaning and techniques.	125	x		b7
Sales and the selling process, including the difference between marketing and sales, qualities of a good salesman. Consumer Protection Act – 1986, need for consumer protection, features of the Act and rights of the consumer.	125		x	b7 e7
Central Bank and commercial banks: role in the economic development. Types of commercial banks now present in India (public sector commercial banks, private sector commercial banks, foreign commercial banks	126	x		e6
(Human Resource) Recruitment - meaning, sources, advantages and disadvantages of different sources,	126		x	b9
(Human Resource) Relection- meaning and steps, types of selection test	126		x	b9
(Human Resource) Training – meaning, objectives, importance, types and methods of training (performance appraisal is excluded).	126		x	b9

	Position im Curriculum (Seite)	Art der Nennung		Code
		implizit	explizit	
Community participation and public awareness programmes for ecological restoration and conservation	126	x		t8
Use of efficient and eco-friendly technology and the sustainable use of resources. Eco efficiency would mean reduction in the amount of raw material used, reduction in energy used, reducing pollution, recycling material, renewable materials and ensuring that goods are durable. Judicious use of resources keeping the future in mind.	126	x		t7, 8

Fach: Economic Applications	Position im Curriculum (Seite)	Art der Nennung		Code
Wortlaut		implizit	explizit	
To familiarize students with the basic concepts of economics and economic phenomenon.	176	x		e1
Meaning and definition of Economics; Economic entities: Consumer, Producer, Households and Government. The importance of these economic entities. The meaning of an economy and role of the economic entities.	176		x	e5
Three major problems of an economy: What to produce? How to produce? For whom to produce? Efficient use of resources; basic understanding of the terms: economic growth and economic development A brief introduction to the basic problems of an economy - What to produce? How to produce? For whom to produce? needs to be emphasized irrespective of the type of an economy. Manner in which economics as a subject helps us to allocate scarce resources in an efficient way needs to be explained. The concept of economic growth and economic development should be explained.	176	x		e2, 11

Role of agriculture in India and its problems. Impact of Agricultural practices on the Ecosystem	176		x	t8, 10
Measures to check the ecosystem;	176		x	t8, 15
Impact of industrial practices on the ecosystem.	176	x		t8
Improving efficiency of existing technologies and introducing new eco-friendly technologies.	177	x		t8
Abatement of pollution. Air: setting standards and implementing them, using technical devices to reduce pollution.	177	x		t8 e7
National Income, Employment and Regional Development	177	x		e11, 12
Ways in which consumer is exploited. Reasons for exploitation of consumers. Growth of consumer awareness – consumer rights – Legal measures available to protect consumers from being exploited	177	x		p9
Meaning and factors enabling Globalization, WTO, impact of Globalization. Meaning of globalization. Factors enabling globalization – technology and liberalization (removal of trade barriers).	177		x	e4
WTO (main objectives), favourable impacts of the globalization – starting of MNC's and benefits to Indian companies.	177		x	e4
A basic understanding of the law of demand and supply in which demand and supply schedules are to be used to explain the demand and supply curves.	179		x	e3
The individual demand and supply curves must be distinguished from market demand and supply curves.	179		x	e3
Determinants of demand and supply are to be specified. Exceptions to the law of demand are to be discussed	179		x	e3
The concept of price elasticity of demand and supply are to be explained with percentage method. The factors affecting the elasticity of demand and supply are to be specified	179		x	e3

Factors of production- Land, Labour, Capital and Entrepreneur.	179	x		b8 e5
meaning and characteristics; division of labour: meaning, types, advantages and disadvantages; efficiency of labour; meaning, reasons for low efficiency of Indian labour	179	x	x	e1, 12
Alternative Market Structures: Basic Concepts Nature and structure of markets- Perfectly competitive market, Monopoly market, Monopolistically competitive market, concept of product differentiation, Monopsony market.	179		x	e8
The role of State in promoting development; the instruments of State intervention- fiscal policy and monetary policy;	179		x	e7
A basic understanding of the role of the State in the economy needs to be highlighted in the context of Indian economy. The meaning of fiscal policy. Direct and Indirect Taxes (meaning, merits and demerits), Types of Taxes (progressive, regressive, proportional and degressive- meaning with examples). Monetary Policy – meaning only. Public sector - its role and problems. Reasons for Privatization.	179		x	e7
Money: meaning, functions of Money; Inflation - meaning, effects of inflation on the functioning of the economy (in brief). Banking: Commercial Banks - functions; Central Bank - functions; quantitative and qualitative credit control measures adopted by RBI.	180		x	e6, 11
A basic understanding of the concepts of money, its functions. Meaning and types of inflation to be discussed (Creeping, Walking, Running and Hyper-inflation).	180		x	e11
The impact of inflation on various economic entities such as debtors and creditors, fixed income groups and producers are to be explained very briefly	180		x	e10, 1

Fach: Commercial Applications	Position im Curriculum (Seite)	Art der Nennung		Code
		implizit	explizit	
Wortlaut				
To develop in students a perceptive, sensitive and critical response to the role of business in a simple manner.	182	x		b2
To develop in students an analytical ability so as to balance the demands of social and business parameters with individual aspirations.	182	x		p9
To develop an ability to work in and through teams.	182	x		p5
To provide appropriate knowledge and skills as a basis for further study or work or both.	182	x		s
Definition and basic understanding of terms like commerce, business, industry, trade, organization, firm and company. Meaning of commercial organisations.	182	x		b2
Causes of depletion of resources - over-use/irrational use, non-equitable distribution of resources, technological and industrial development, population growth.	182	x		t8
Advantages and disadvantages of renewable resources when compared to non renewable resources. Study of the functioning of biogas, solar, wind and hydro power.	182		x	t7
Industrial pollution and degradation of environment. Measures to control pollution and degradation. Need for an Eco friendly form of industrial development.	182		x	t8 e7
Sources of Pollution Vehicular, industrial, burning garbage, brick kilns, industrial waste, off shore oil drilling, thermal pollution,	183	x		t8

To understand the specific roles played by different departments of a commercial organization and to study the inter-relationships and dependence of all the functional areas in an actual firm: Purchase and Stores, Production, Marketing and Sales, Finance, Human Resources, General Administration and Legal	183	x	x	b2, 3, 4, 7, 8, 9, 10
Ways of Communicating: verbal (written, spoken) and non-verbal communication. Their importance in different settings and their disadvantages. The advantages and disadvantages of each method.	183		x	p1
Skills required for effective communication. The interpersonal skills required for effective communication.	183		x	p1
Understanding the relevance and use of different tools of communication: letter, facsimile, e-mail, video conference, memo, telephonic conversation, etc. A comparative analysis of the tools needs to be undertaken.	183		x	p1 t3
Definition of markets and marketing – with examples from consumer goods, consumer services. A clear understanding of markets (wherever a buy and sell takes place is a market); examples of non-traditional markets such as catalogues, direct sales, telemarkets, etc. Definition and stages of marketing.	185		x	e8 b7
Product life-cycle, pricing strategies such as skimming, penetration, parity, cost plus, place - distribution channels, promotional strategies, concept of advertising, direct selling, publicity.	185		x	b7
Advertising and brand promotion. Definition, concept and types of advertising. Definition of brand, how to bring about brand promotion	185		x	b7

Sales and the selling process, including the difference between marketing and sales; qualities of a good salesman	185		x	b7
Banking - functions of the Central Bank and commercial banks, types of accounts and banking transactions. Function of Commercial Banks and Central Bank.	185	x		e6
Importance of Human Resource in a commercial organization. Role of human resource in any organization. Functions of human resources.	185		x	b9
Commonly used methods of recruitment, selection and training. Definition, types and methods of recruitment, selection and training	185		x	b9
Elements of public relations – human relations, empathy, persuasion and dialogue. The definition, nature and importance of empathy, persuasion and dialogue.	185	x		p1, 4
Destruction of ecosystem due to industrialization, dwelling of business units, transport, tourism and mining.	186	x		t8
Energy crisis: Urban and rural sectors. Renewable and non-renewable energy, greenhouse effect and global warming, acid rain, and	186		x	t7
Consumer education - consumer rights, making correct choices while buying different items; food adulteration. Understanding the importance of educating consumers of their rights - awareness of food adulteration and its harmful effects.	186	x		p9

Fach: Socially useful productive Work and Community Service	Position im Curriculum (Seite)	Art der Nennung		Code
Wortlaut		implizit	explizit	
Food Agro-industries; kitchen gardening; compost culture; crop and seed production; repair of farm implements; soil conservation and desert control;	270		x	t10
Workshop practice (electrical); Workshop practice (electronics)	270		x	t6
Production of cotton; wool; silk and other fibres;	270		x	b2 t14
Distribution of fertilisers and insecticides; processing and preservation of food;	270		x	t10
It may be necessary to visit localities where certain crafts are practiced and note details of the processes or methods involved.	271	x		s3
The candidates should be able to explain in writing, the tools, materials and processes required as well as draw up a timetable/ programme of work.	271	x		p1, 8 s3,
The manual skills of the candidates should be assessed regularly and from the finished product(s) and include the candidates' abilities to follow processes/ methods of the craft.	271	x		s3
Interest: This is an assessment of candidates' industriousness, constancy and conscientiousness with regard to the work undertaken.	272	x		s6, 7
The candidates should be able to adhere to the timetable/ programme of work drawn up by them.	272		x	s2
Organisation is the knowledge of the tools, materials and methods/process by which the work can be done, and	273	x		s3

the ability to draw up a timetable or programme of work.				
Resourcefulness is the ability to complete the work in spite of problems and difficulties and to improvise wherever necessary.	273		x	s2, 6
Interest is the assessment of the candidates' constancy, industriousness and conscientiousness in doing the work and their abilities to adhere to the timetable or programme drawn up by them.	273			s2, 6, 7

Auswertung (Einzelitems)

NCERT – National Curriculum Framework 2005

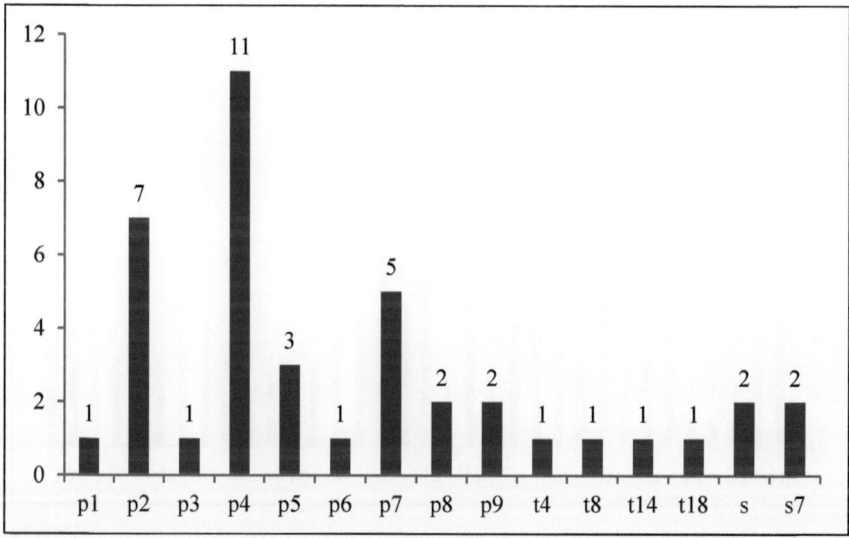

CBSE – Secondary School Curriculum 2013

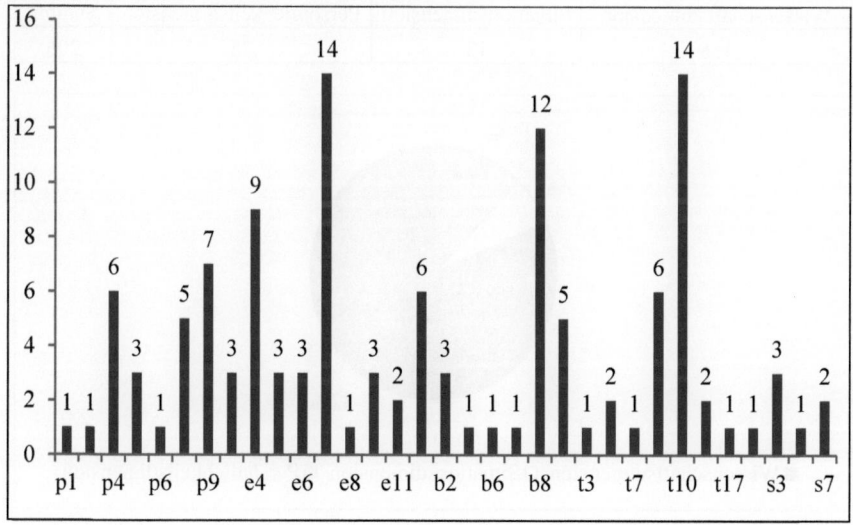

CISCE – Syllabus for ICSE 2013 (ohne Applications)

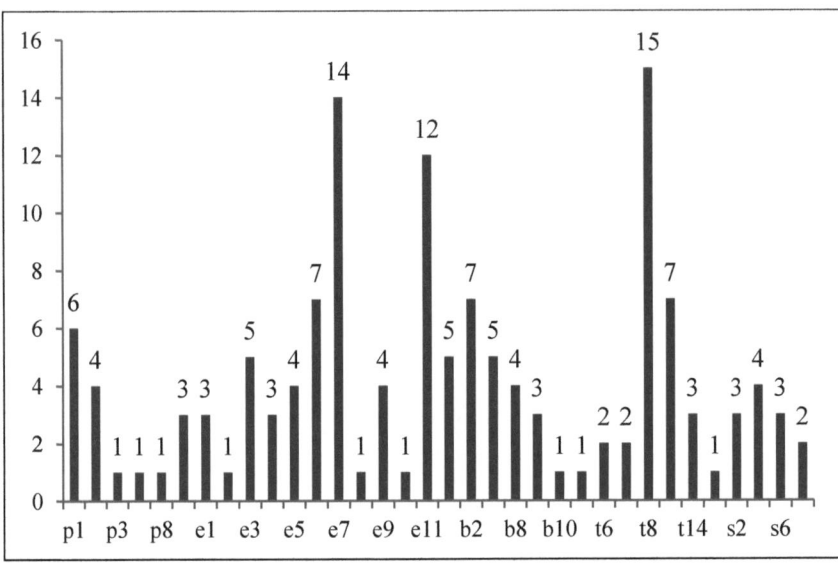

CISCE – Syllabus for ICSE 2013 (einschließlich Applications)

Wissenschaftsdimension	Situationsdimension	Persönlichkeitsdimension	Summe
168	13	25	206

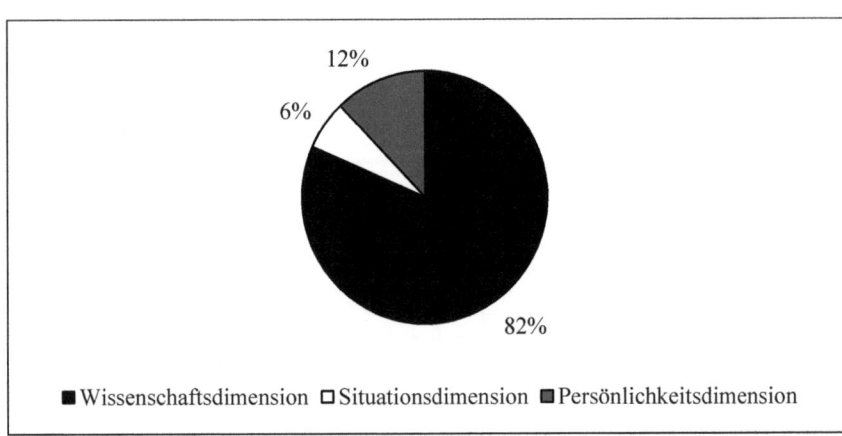

Anhang 103

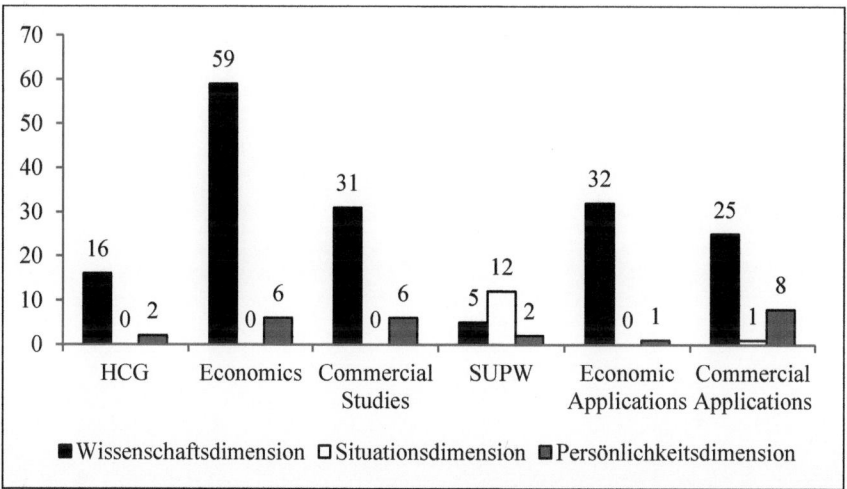

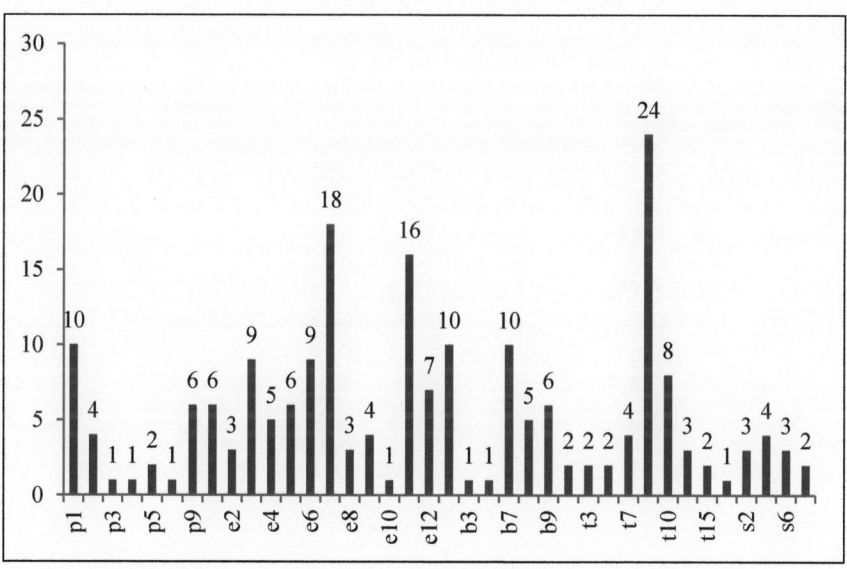

MIX
Papier aus verantwortungsvollen Quellen
Paper from responsible sources
FSC® C105338

If you have any concerns about our products,
you can contact us on
ProductSafety@springernature.com

In case Publisher is established outside the EU,
the EU authorized representative is:
**Springer Nature Customer Service Center GmbH
Europaplatz 3, 69115 Heidelberg, Germany**

Printed by Libri Plureos GmbH
in Hamburg, Germany